ein Ullstein Buch

ein Ullstein Buch
Nr. 20395
im Verlag Ullstein GmbH,
Frankfurt/M – Berlin – Wien

Ungekürzte Ausgabe

Umschlagentwurf:
Hansbernd Lindemann
Umschlag-Illustration:
Rudolf Schoepper

Lizenzausgabe
mit Genehmigung des
Verlags C. J. Bucher, München

Printed in Germany 1984
Druck und Bindung:
Clausen & Bosse, Leck
ISBN 3 548 20395 7

Februar 1984

CIP-Kurztitelaufnahme
der Deutschen Bibliothek

Tramontana, Reinhard:
... über Emanzipation: Irren ist
männl.; e. Polemik für Männer,
d. für Frauen sind /
Reinhard Tramontana. –
Ungekürzte Ausg. – Frankfurt/M;
Berlin; Wien: Ullstein, 1984.
(Ullstein-Buch; Nr. 20395)
ISBN 3-548-20395-7

NE: GT

Reinhard Tramontana

... über Emanzipation

Irren ist männlich

Eine Polemik für Männer, die für Frauen sind

ein Ullstein Buch

Inhalt

Vorwort

Diese Polemik unternimmt den Versuch, das Selbstvertrauen des Mannes zu stärken, indem sie ihm die Ursachen seiner Schwächen vor Augen führt. Denn ich bin davon überzeugt, daß der Mann die Frau nicht freiwillig unterdrückt.
Die Frau ist wohl Opfer des Mannes, aber der Mann ist Opfer der größten Manipulation der Menschheitsgeschichte: Angst und Aberglaube haben ihn dazu getrieben, eine Gesellschaft zu formen, die nur deshalb funktioniert, weil Angst und Aberglaube angebetet werden. Von beiden Götzen sollte sich der Mann endlich emanzipieren.
Diese Polemik stützt sich auf Tatsachen und Thesen, die zum großen Teil schon in anderen Büchern oder in Zeitschriften veröffentlicht wurden. Meine Quellen finden Sie auf Seite 142.
Dennoch konnte ich nach Testfragen unter Freunden feststellen, daß diese Erkenntnisse immer noch weitgehend unbekannt sind: Jene Große Manipulation, deren Mechanismus in diesem Buch beschrieben wird, hat hervorragend verhindert, daß Männer dergleichen zur Kenntnis genommen haben.
Dieser Umstand, der mich eigentlich hätte entmutigen sollen, hat mich dazu ermutigt, dieses Buch zu schreiben; denn es teilt dem märchenhörigen Mann nicht nur mit, wie es wirklich war und ist, sondern auch – wie ich glaube: zum ersten Mal –, warum es so ist und warum er es bisher nicht wahrnehmen konnte.
Ich glaube, daß – von Lügen und Legenden emanzipierte – Männer es fertigbringen müßten, ohne den Seelentröster »Keine Frau taugt soviel wie ein Mann« zu leben. Denn ungeachtet seines gegenwärtigen Verhaltens glaube ich an das Gute im Mann.

Wien, im Mai 1979 — Reinhard Tramontana

Das Dämliche und das Herrliche

Ich heiße Reinhard Tramontana, bin männlichen Geschlechts, von Beruf Journalist, strebe unverdrossen der Vollendung meines einunddreißigsten Lebensjahres entgegen und war im übrigen immer schon der Meinung, daß die Frauen von den Göttern abstammen. Seit jeher habe ich sie deshalb geachtet und bewundert, häufig gefürchtet und gelegentlich geliebt.
Nie habe ich wissentlich Frauen gekränkt oder sie als minderwertig eingestuft, nie ihre Ehre beschnitten oder ihr Recht auf freie Entfaltung ihrer natürlichen Anlagen und Gaben einzuengen versucht, nie auch habe ich in vermessener Überheblichkeit die niedrige Stirn gehabt, mich in irgendeiner Weise besser, höherentwickelter oder doch wenigstens brauchbarer für diese Welt zu fühlen.
Stets war es mir ein inneres, durch eindeutige Äußerlichkeiten vor jedermann zu jeder Zeit dokumentiertes Anliegen, daß ich manns genug sei, die Frauen zu respektieren.
Zu keiner Stunde innerhalb der letzten zehn Jahre verspürte ich den animalischen Drang, meine Männlichkeit durch exzessives Verhalten irgend jemandem beweisen zu müssen.
Ich rauchte nicht, ich trank nicht, ich war unumstößlich treu, in jeder Situation einsichtig und durch keinerlei irrationale Ängste dazu veranlaßt, mit der Faust auf dem Tisch überprüfen zu müssen, wer eigentlich daheim die Hosen anhätte.
Hämischen Einflüsterungen männlicher Freunde nachzugeben, ging mir gegen die Vernunft, kokettem Betragen fremder Frauen zu erliegen, gegen den Strich.
Ich wußte einfach, daß Frauen den Männern zumindest ebenbürtig, in den meisten Belangen des Lebens aber überlegen sind.
Ich wußte auch, daß Männer, wollte man es liebenswürdig formulieren, anders sind, dunkel, schwierig, im Grunde unzugänglich und im

allgemeinen unzulänglich ausgestattet, unstet, unsicher und ein Lebtag lang von frühkindlichen Ängsten geplagt, besessen noch dazu von der fixen Idee, schon bei der Geburt um etwas betrogen worden zu sein.
Zusammenfassend: Es lag für mich auf der Hand, daß eines Tages, sobald die ebenso rührende wie kindische Phase des Aber-der-Mann-ist-doch-auch-ein-Mensch-Geredes abgeklungen sein würde, in aller Welt wieder nur eine vernünftige Formel regieren würde: Der Mann hat zu parieren oder ... — eigentlich kein Oder.

Als Johann Nepomuk Nestroy obigen Schmus gelesen hatte, setzte er sich hin und schrieb für ein Couplet seiner Posse »Die verhängnisvolle Faschingsnacht« den Refrain: »Und 's is' alles net wahr, und 's is' alles net wahr!«
Denn all das, was bisher gesagt wurde, ist nicht einmal das Wunschdenken der weiblichen Pioniere, ist nicht einmal das, was hellhörige Heuchler bei Meinungsumfragen opportunistisch zum besten geben — es ist nicht einmal erlogen.
Es ist ein willkürliches, ins Gegenteil verkehrtes *summary* dessen, was Männer von Männern denken und von Frauen halten.
Es ist eine bewußt begrenzte Auslese jener Eingebungen, die unsereiner halt so hat, wenn er zu diesem Thema Stellung nehmen soll; erkennbar begrenzt schon dadurch, daß der ausschweifende Bereich der verbalen Genitalität des Mannes unberücksichtigt blieb.
Es ist ein dichtes Gespinst an gediegenen Ungeheuerlichkeiten — das älteste Gewebe der Welt.
Auf einen wenigstens ungefähren Wahrheitsgehalt reduziert, müßte die Einleitung so lauten:
Ich heiße Reinhard Tramontana, bin männlichen Geschlechts, von Beruf Journalist, strebe unverdrossen der Vollendung meines einunddreißigsten Lebensjahres entgegen und war im übrigen immer schon der Meinung, daß die Frauen ...
Halt! Fällt Ihnen etwas auf? ... »die Frauen«! Fällt Ihnen auf, daß unterjochbare oder mißliebige Gruppen immer gleich als »die ...« gebrandmarkt werden?
Mir fällt jedenfalls auf, daß nur Männer (unbelehrbar) »immer schon« einer Meinung waren, daß nur sie, im abgewandelten Sinn eines der frühesten chauvinistischen Werbespots, »wissen, was Frauen wünschen«.
War ich wirklich einer Meinung?
Sind Sie denn einer Meinung?

Schon hier ist, fürchte ich, die erste diskriminierende Klarstellung fällig: Immer wenn ich im folgenden die Anrede »Sie« gebrauchen werde, ist der *Leser* dieses Buches gemeint, nicht die Leserin; dies deshalb, weil's ein Buch für Männer werden soll; für Männer, die für Frauen sind.
Das mag keine allzu geschliffene Beschreibung der Richtlinie dieses Machwerks sein und auch der schon Wüstes wittern lassende Hinweis »eine Polemik« wird das seine dazu tun, um Mißtrauen an der »Sachlichkeit«, der strengen »Wissenschaftlichkeit«, gar der »Ausgewogenheit« dieser Schrift zu nähren.
Mit Recht, denn die paar Schlußfolgerungen, die ich aufgrund einiger, allerdings nicht selten wissenschaftlicher, Unterlagen zu ziehen imstande war, lassen einer schokoladenen Sachlichkeit keinen Platz, lassen altbackene Ausgewogenheit nicht zu.
Was sie zulassen, ist ein Bewußtsein, daß es ein Bündel Argumente dafür gibt, daß wir Männer in der elementarsten und ureigensten Angelegenheit so gut wie alles falsch gemacht haben, daß es hinlänglich Indizien dafür gibt, warum wir's falsch gemacht haben und daß es, wenn Sie und ich draus lernen wollen, genug Möglichkeiten gibt, es anders, womöglich: besser, zu machen.
Warum es so gekommen ist, daß unsere Gesellschaft aus männlichen *overdogs* und weiblichen *underdogs* besteht und wie man diesen Zustand reversieren könnte, soll in den folgenden Kapiteln beschrieben werden; was nicht beschrieben werden soll, weil's nicht beschrieben werden kann, ist, wie man es in jedem Fall hundertprozentig macht, damit es paßt: dieses Buch ist daher keine idiotensichere Anleitung für den verliebten (verlobten, verheirateten) Heimwerker.
Es ist, anders als ein tatsächlich gedrucktes Ding namens »Das Handbuch für die intelligente Frau«, kein Handbuch für den intelligenten Mann, welches ich in einer relativ uninformierten Phase zu schreiben vorhatte, ehe ich beim Lesen des erwähnten Handbuches zu dem Eindruck kam, es eigne sich — unabhängig von den eigentlichen und vermutlich honorigen Intentionen des Autors — vorzüglich zur lückenlosen Dressur noch nicht an die Bedürfnisse »des Mannes« angepaßter Buschfräuleins, und ehe ich beim Recherchieren für dieses Buch dahinterkam, daß jedwede generelle Empfehlung nahtlos zur Verblödung führen muß. Denn sie würde suggerieren, sich eigenes Denken blindlings ersparen zu können, sie liefert nicht Grundlagen zur Information, sondern zur Deformation (dieser ohnehin genug ramponierten Gesellschaft); und sie weckt nicht Zweifel und Neugierde, sondern sie betäubt Fragesteller.

Dieses Buch will auch keines von denen sein, von welchen in Klappentexten keß geschrieben wird, es räume mit irgendwas auf; denn, von der Diktion in Wildwestfilmen abgesehen, heißt aufräumen eigentlich ordnen, etwas an den ihm zustehenden Platz bringen.
Ich möchte aber keinerlei Vorurteile, Mechanismen und Verbrechen (Sie haben richtig gelesen) ordnen, sondern versuchen, sie so systematisch wie (einem fundierten Chaotiker) möglich zu beschreiben, sie denk- und sichtbar zu machen, um es Ihnen leichtfallen zu lassen, diesen teilweise zwanzig Millionen Jahre alten Krempel endlich wegzuschmeißen — in diesem Sinn handelt es sich um ein Wegwerfbuch.
Es handelt sich auch — und ich danke Hans Weigel für diese Sprachschöpfung — um ein Nachschlagwerk, denn es will nach dubiosen Begriffen, angeblichen Normen und vergeblichen Rechtfertigungen schlagen; es will die männliche Rechtfertigung aufs Haupt schlagen, deren Grund-Satz sein könnte: »Was man nicht im Kopf hat, muß man zwischen den Beinen haben« — obgleich manche trotzdem nichts im Kopf haben.
Es möchte das Unterfangen darstellen, herauszumeißeln (und ein Meißel scheint mir jenes notwendig grobe Werkzeug für den groben Klotz Mann zu sein), warum die meisten Männer denken, was sie denken. Oder: was Sie denken.
Und was ich allzu oft noch denke, (un)natürlich; denn natürlich würde es ja bloß den schon am Anfang benutzten Lügen entsprechen, hier harsch zu erklären, die Arbeit an diesem Buch habe mich dermaßen geläutert, mich dermaßen einsichtig und weise gemacht, daß ich über meine Jugendtorheiten, meine kleinen Schnitzer im Verhalten zu und im Denken über Frauen nur noch den Kopf schütteln ... Nebbich.
Daher kann ich Sie auch gegen Rückfälle und Ausfälle, gegen verschiedentliches Verharren im »geschlechtsspezifischen Verhaltensmuster«, wie das häßliche Kürzel so schön falsch heißt, nicht versichern.
Versichern kann ich Sie bestenfalls der Tatsache, daß Sie nach der Lektüre der folgenden Kapitel vermutlich wenigstens einen Zweibeiner aus anderer Perspektive betrachten werden: sich selbst.
Doch ehe Sie, des sich allmählich hier einschleichenden Pathos überdrüssig, heftigen Widerwillen gegen die schon langweilig lauteren Motive dieser Abhandlung empfinden, will ich Ihnen ein paar Stichfragen zum Fraß vorwerfen:
Wissen Sie in Bezug auf die beiden Geschlechter wirklich,
- wer Argumenten eher zugänglich ist,

— wer destruktiver ist,
— wer mehr Alkohol verträgt,
— wer toleranter ist,
— wer besseres räumliches Vorstellungsvermögen hat,
— wer im Bett was erwartet,
— wer für wen den Sex erfunden hat,
— wer mehr psychische Belohnungen braucht,
— wer häufiger schizophren wird,
— was für die Entstehung des *homo sapiens* entscheidend war?

No? Naja, zwischen dem Fraulichen und dem Männlichen so haarscharf zu unterscheiden, fällt gewiß nicht leicht, das ist ja das herrlich Dämliche an der ganzen (Menschheits)Geschichte.

Aber in prangender Unkenntnis — nicht einmal im Zweifel — Standpunkte zu vertreten oder wenigstens so zu tun, als hätte der brillant funktionierende, nie versagende und präzise arbeitende Geist einen zur eigenen, wenn schon nicht zu aller Befriedigung ausreichend erleuchtet, das ist das dämliche HERRliche dran.

Denn das ist eine exklusive Eigenschaft, die nicht einmal das Männchen, wenn man ebenso führenden wie männlichen Zoologen Glauben schenkt, der uns nächststehenden Tierarten der Paviane, Buntbarsche und Texasleguane vorweisen kann (es wird noch erörtert werden, warum sich Zoologen und manche Verhaltensforscher gerade auf diese Tierarten so versteifen).

Natürlich haben auch Frauen Vorurteile — nur haben sie diese nicht erfunden.

Natürlich glauben auch Frauen, daß das Christkind am 24. Dezember unterm Tannenbaum sitzt, daß Hänsel und Gretel im Wald die böse Hexe verbrennen, daß die Erde eine Scheibe ist und daß es die Natur (oder gleich der Liebe Gott) eben so gewollt hat, daß die Frau sich demütig um Heim und Herd kümmert, wohingegen der Mann hinauszieht ins feindliche Leben . . .

Natürlich sind auch Frauen davon durchdrungen, daß sie eine säuberlich festgehaltene — schicksalshafte — Rolle auf dieser Erde spielen müssen und daß bestimmte Dinge für sie halt »pfui« sind.

Nur: Im auffallenden Gegensatz zu den Männchen der Nachfolgerasse der Menschenaffen (die, wie noch bewiesen werden soll, häufig zu Unrecht zu Vergleichs- und Quellenangaben herhalten müssen) glauben die Weibchen nirgendwo in erdrückender Mehrheit an derlei Vorurteile.

Ja, in gewissen Gegenden glauben selbst die Männchen nicht daran; daß es sich noch nicht herumgesprochen hat, daß nicht überall die

überwältigende Mehrheit der Angehörigen an manchen faulen Zauber glaubt, liegt nicht zuletzt daran, daß es diesen Gegenden, die wir in schöner Konsequenz als »unterentwickelt« bezeichnen, an geeigneten Massenkommunikationsmitteln, an schlagkräftigen Propaganda-Apparaten gebricht.
Dazu kommt als gravierender Unterschied zwischen dem Vor-Urteilsvermögen von Frau und Mann, daß es dem Mann vorbehalten blieb, sein Vorurteil zu Ungunsten der Frau durchzudrücken, daß es dem Menschenmann als einzigem männlichen Vertreter aller uns bekannten Lebewesen vorbehalten blieb, die Frau auch in eine von ihr ungeliebte Rolle zu zwingen (was sonst nirgendwo, auch nicht unter den von manchen Forschern so liebevoll betrachteten Pavianen, üblich ist); und daß es — ich muß Ihr zartes Gemüt, oder, wie man heutzutage sagt: Ihr sensibles *ego*, um Entschuldigung bitten, aber es läßt sich nicht verschweigen — daß es jedenfalls nach den Recherchen der Anthropologin Elaine Morgan [12] * überhaupt nur eine einzige Tätigkeit gibt, die alle Völker der Erde, gleichgültig, welche Gesellschaftsform sie haben, einheitlich und ohne signifikante Ausnahmen einem der beiden Geschlechter zuordnen — und zwar dem männlichen. Dies ist das Töten von Menschen.
Angesichts dieser Verhältnisse und angesichts der Tatsache, daß frauliche Vorurteile noch nie in der Geschichte dazu beigetragen haben, das andere Geschlecht zu unterdrücken und zu verleumden, sondern daß ausschließlich männliche Vorurteile dergleichen bewerkstelligen konnten, scheint die Beantwortung der Frage, welche Ursachen die männlichen Vorurteile haben, dringlicher zu sein.

Könnte es uns gemeinsam gelingen, ein paar Antworten auf ein paar Fragen zu finden, dann könnte auch möglich werden, daß wir Männer des Ruchs, schnöde Finsterlinge zu sein, verlustig gingen — allerdings auch der mutwilligen Machtausübung.
Was nicht unbedingt ein Nachteil für die menschliche Population wäre: denn sosehr Sie persönlich auch noch die bloße Vorstellung, auf Privilegien verzichten zu müssen, erschauern lassen mag (schließlich sind wir ja erst am Anfang unserer gemeinsamen Reise durch die Macht und da sind Bedenken natürlich), sowenig würde männliche Machteinbuße der Art schaden.
So gut wie alle Arten nicht menschlicher Lebewesen haben sich nämlich seit der guten, alten Zeit des Miozäns (vor rund 20 Millionen

* Ziffern in eckigen Klammern verweisen auf Literaturangaben am Ende des Buches

Jahren) emporgearbeitet und weiterentwickelt, ohne daß es der unwiderruflichen, segensreichen Dominanz des männlichen Geschlechts auch nur im kleinsten bedurft hätte (den Stellenwert der lächerlichen Fähigkeit, vögeln zu können, werden wir noch bestimmen).
Und wenn Sie, der Sie als Mann an dieser Stelle bestimmt noch nicht darauf verzichten können, immer was dagegen zu wissen (das gibt sich aber nach hundert Seiten), wenn Sie also jetzt den jähen Umkehrschluß ziehen zu können glauben: Eben da sieht man's ja, kaum ist erst der Mann der Herr im Haus, geht's aufwärts mit uns . . ., dann sollten Sie sich rechtzeitig bremsen, angesichts der später noch genauer erläuterten (und auch fundierten Theorie, die besagt, daß es der Instinkt und die Intelligenz der Frau waren, die den Menschen vom Affen zu scheiden halfen: daß Mutti es war, die Ihnen das erste Stück Brot reichte; von Vati hätten Sie höchstens Bananen gekriegt – und auch dann erst, als er sich überfressen hatte.
So betrachtet, soll diese Argumentationshilfe für Männer, die für Frauen sind, auch eine Waffe in eigener Sache sein: damit Sie nämlich – so wie ich – erhebliche Zweifel an unserer natürlichen Beherrschung der Erde bekommen.
Denn von Natur aus beherrscht der Mann die Erde aus ausschließlich drei Gründen: Er kann tiefer singen als die Frau, mehr Steine auf einmal heben und bedeutend weiter pinkeln.

... so hat es doch Methode

Die Frau ist zwar das Objekt der größten Verleugnungskampagne der Welt, aber:

Der Mann ist das Objekt der gewaltigsten Verschwörung dieser Erde, das Objekt der einzigen weltweiten, allumfassenden und allzeitlichen Manipulation; der Mann ist, unheilvolles Unikum, Henker und Opfer in einem.

Ich hoffe, diese Feststellung, die (wie noch mehrmals ermüdend zu wiederholen Gelegenheit sein wird) das Thema des Buches ausmacht, ist imstande, das schuldbewußte Zittern Ihrer schweißnassen Hände ein wenig zu verringern; ich hoffe aber auch, daß sich das Zittern nicht so sehr verringert, daß Sie der Illusion anheimfallen, Sie müßten sich keine Vorwürfe mehr machen.

Sie müssen; denn zum einen ist der Mann nur Opfer seiner selbst, aber Henker anderer; zum anderen bleibt, wenn auch dem Delinquenten mildernde Umstände angerechnet werden, die Anklage immer noch aufrecht.

Die Anklage lautet: Sie haben mitgewirkt, daß den Frauen das Recht, als dem Mann ebenbürtig zu gelten, verweigert wurde; Sie haben die Begriffe »Mensch« und »Mann« ungebührlich und entgegen den wirklichen Verhältnissen miteinander vermengt, sie bewußt und mitbewußt sogar gleichgesetzt.

Als Milderungsgrund kann angeführt werden: Sie haben nicht gewußt, warum Sie das getan haben; Sie haben nur in gutem Glauben gehandelt.

Es ist Ihnen vermutlich so ergangen wie dem Helden — endlich kommt ein rechtes Wort zur rechten Zeit, nicht wahr? — wie dem Helden eines Horrorfilms.

Eines unschönen Tages kommt unser Bester heim, sperrt seine Wohnungstür auf, begrüßt sein liebend Weib, seine sonst aufjauchzenden

Kinder ... Aber dem ist auf einmal gar nicht so: Das Weib liebt nicht, sondern brüllt in heller Angst, was er häßlicher Fremdling denn hier und, gottbehüte, von ihr wolle und er möge sogleich verschwinden; die Kinder jauchzen nicht, sondern drängen sich panisch plärrend in einen Winkel — niemand seiner eigenen Familie scheint ihn wiederzuerkennen.

Verzweifelt stürzt er aus dem Haus, eilt in seine Stammkneipe, begrüßt Wirt und alte Freunde mit Hallo — und wird mit Gesichtern voll Unverständnisses, ja, voll Abscheu konfrontiert.

In letzter Not fährt er durch Nacht und Wind zu seiner alten Mutter, pocht an ihre Tür, lächelt mit dem Rest seiner noch nicht gelähmten Mundmuskeln; als Mütterchen öffnet — da formt ihre gellende Stimme vernichtend: »Hilfe, Polizei!« ...

Erst etwa 70 Minuten später wird dem Helden durch Zufall alles klar, ein schurkisches Komplott wird aufgedeckt und der ohnehin schielende Schuft dafür zur Rechenschaft gezogen; wer immer den Schauer überlebt hat, sinkt einander schluchzend in die Arme.

Wir aber sind noch nicht ganz soweit. Wir sind noch bei jener Stelle, bei der Sie heimkommen, Ihre Frau fragen, wie denn ihr Arbeitstag war, in die Küche gehen wollen, um Geschirr abzuwaschen und danach das Abendessen zu kochen — da erkundigt sich Ihre Frau kleinäugig, ob Sie was Schweres aufs Hinterhaupt gekriegt haben; Sie sind verblüfft — umso mehr, als Ihnen Ihre Frau eröffnet, es sei schließlich nicht Ihre, sondern ihre Sache, die Küche in Schwung und ein Essen auf den Tisch zu bringen, und sie arbeite auch nicht außer Haus, sondern sie kümmere sich, wie es ihr zustünde, um die Kleinen.

Verwirrt machen Sie sich auf den Weg in Ihre Stammschenke und fragen Ihre Freunde um Rat; doch alle bestätigen, daß Ihre Frau normal sei, Sie hingegen eventuell ein wenig abgespannt seien von der vielen Arbeit, die ein Mann nun einmal verrichten müsse; und als Ihnen kurz darauf auch noch Ihre Mutter erzählt, daß Sie unter diffusen Zwangsvorstellungen litten, werfen Sie die Krawatte: Es ist soweit, daß Sie von jetzt an felsenfest davon überzeugt sind, widernatürlich gedacht und gehandelt zu haben.

Und da es in Ihrem Film für gewöhnlich keine entscheidende 85. Minute gibt, bleiben Sie bei Ihrer Einbildung bis an Ihr seliges Ende. Denn im Unterschied zu Hollywood hat das Drehbuch in Ihrem Film keine Schwächen, keine offensichtlichen Widersprüche, keine dramatischen Momente, ja nicht einmal erkennbare Halunken — indem es jeglicher Sensation entbehrt, produziert es eine.

Es produziert den totalen Identitätsverlust.

Neun Monate, nachdem Sie gezeugt worden sind, wird auf Sie ein scheinbar (meistens sogar: anscheinend) undurchdringliches Sperrfeuer eröffnet, werden Sie einer scheinbar nicht endlichen Kanonade manipulativer Inhalte ausgesetzt.
Gleich zu Beginn Ihres Lebens haben Sie es mit besonders einflußreichen, mit von der Natur beabsichtigt maßgeblichen Leuten zu tun: mit Ihren Eltern.
Ihre ersten Kontakte beschränken sich darauf, Lust- und Unlust-Empfindungen allmählich zu verzeichnen und zu katalogisieren, Empfindungen, die erschwerenderweise von Leuten ausgelöst werden, die nur Ihr Bestes wollen und eben darum auch glauben (müssen), dies zu vermitteln; wenn Sie nicht ein ausgemachter Ausbund an Rohheit sind, das heißt, wenn Ihren Eltern nicht grobe Fehler unterlaufen, dann wird Ihnen in der wichtigsten Zeit Ihres Lebens für Ihr ganzes Leben eingepflanzt werden, daß die elterliche Autorität einzig und allein dafür da ist, Ihnen Lust zu bereiten.
Dieses Erlebnis und die Speicherung derselben wird Sie, trotz späterer Beeinträchtigungen höchstens sekundärer Art, dazu bestimmen, den erzieherischen Maßnahmen, die auf Sie niederhageln werden, keine wesentlichen Barrieren entgegenzusetzen: Sie werden somit, ohnehin schon genetisch belastet, einer Umwelt ausgesetzt, die einmal einer ebenso bestimmenden Umwelt ausgesetzt war, die einmal einer ebenso bestimmenden Umwelt ausgesetzt war . . . so fort bis zu jenem Punkt, an dem ein Sprung in der Evolution zu irrigen Folgerungen verführte.
Von diesen Folgerungen — einem Sud aus mythischen, kultischen und religiösen angebrannten Suppen — werden auch Sie schon nach kürzester Zeit durchdrungen sein.
Sie werden Handlungen und Empfindungen für unverrückbare Normen halten, ohne durchschauen zu können, wer wann welche Handlungen zu wessen Gunsten zu Normen erhoben hat.
Sie werden eigene Reaktionen auf eigene Taten nach vorgegebenen Mustern und nach den Reaktionen anderer Leute in Schuld- und Unschuldgefühle gliedern; Sie werden somit anfangen, das zu bekommen, was angeblich ja jedem angeboren ist: das Gewissen.
Erheblich ist, noch einmal festzuhalten, daß Ihnen all das in bester Absicht vermittelt wird von Leuten, die Sie lieben: Eben diese Tatsache wird es Ihnen später leicht machen, gleichfalls in bester Absicht schlimm zu handeln.
Sie werden nun auch mit anderen Informationsträgern und lebenden Verhaltensmustern zusammenkommen, mit anderen Kindern näm-

lich. Und Sie werden dabei zweifelsfrei feststellen, daß Sie richtig gepolt sind, Ihre ursprüngliche Angst, ein Artfremder zu sein, wird sich legen, denn auch die anderen Kinder beherzigen ja die von Ihnen (nun schon) gewählten Normen; und weil es sich um Ihnen besonders nahestehende Mitglieder Ihrer *spezies* handelt, weil deren Bewußtseinsstand dem Ihren ganz erkennbar nicht überlegen ist, weil Ihnen mithin noch ein weiterer Trumpf gegen die erste Lebensangst in die Hand gedrückt wurde, werden aus den ersten Entwürfen für Ihr Verhalten nun Schablonen gemacht — der vorhandene Trend wird verstärkt.

Und weil Sie auch selber eine Art Sender sind, herrscht bald allenthalben eine profunde Uniformität der Anschauungen und der daraus gewonnenen Schlußfolgerungen.

Die erste nicht-elterliche Autorität in Ihrem Leben, die manche Teile Ihres jungen Glaubens noch erschüttern könnte, die Schule, bestärkt diesen in der Regel völlig; der Glaube, glänzend bestätigt am ersten Prüfstand, erfährt dadurch bereits eine Verinnerlichung: Nicht mehr die Ihnen bisher bekannten Auskunftsstellen haben über Diverses so oder so geurteilt, sondern Sie selbst sind es jetzt, der über bestimmte Dinge Bestimmtes denkt.

Radikalisiert wird dieses Denken während der Pubertät, die zum selbstbehauptenden Gefecht mit dem anderen, zur hemmungslosen Heroisierung des eigenen Geschlechts lockt: Es ist Ihnen zu diesem Zeitpunkt schon relativ klar, was männlich und was weiblich ist oder zu sein hat.

Sie werden sich dann auch bereits mehrmals in der schmeichelhaften Rolle des sachkundigen Mittlers solcher Feinzeichnungen an Jüngere erlebt haben und werden dadurch, daß Ihre Auffassungen uneingeschränkt akzeptiert werden, eine neuerliche Bestätigung und damit neuerliche Bestärkung erfahren haben.

Nur eine Elementarkatastrophe könnte Ihnen jetzt noch Ihre Ansichten rauben. Doch dieses findet nicht statt.

Im Gegenteil: In dem Maß, in dem sich Ihr Umfeld erweitert hat, konnten Sie erfreulicherweise feststellen, daß sämtliche Informationsquellen, die Ihnen zugänglich sind, Ihnen wohl manchmal Neues, nicht aber anderes, nicht erschütternd Gegensätzliches zu bieten haben.

Denn: Ob Presse oder Literatur, ob Film oder Fernsehen, ob E-Musik oder U-Musik, ob Werbung oder Witze — nichts von alledem hat Ihr primäres Weltbild ins Wanken bringen können und folglich sieht es so aus: Es gibt unter den Menschen Männer und Frauen; die einen

sind besser für dies, die anderen besser für jenes geeignet; diese haben solche, jene andere Vorlieben (oder Erkennungsmerkmale, Neigungen, Stärken, Schwächen . . .).
Manches eignet sich für Frauen, manches für Männer; Männer sind wilder, Frauen milder; dennoch können sie einander liebhaben; tun sie das innig, heiraten sie einander; werden diese längst erwiesenen Tatsachen nicht berücksichtigt, findet ein Verstoß gegen die Regeln des Lebens statt, den man Sünde nennt.
Da Sie nun sich selbst endlich zum Maß aller Dinge erkoren haben, bedürfen Sie keiner erkennbaren umfassend leitenden Instanz mehr, um am Weg der rechten Denkungsart zu bleiben, sondern höchstens noch vereinzelter, nicht erkennbarer und darum viel wirkungsvollerer Erinnerungsstützen und Fingerzeige. .
So nimmt Sie nicht eben wunder, in der Dichtung einerseits etwas vom typisch weiblichen, typisch »armseligen Gretchen« zu erfahren, andererseits etwas vom typisch weiblichen, typisch »verschlagenen Weibsteufel«; gedankenverloren überblättern Sie die putzige »Frauenseite« in den Tageszeitungen, ohne auf den Inhalt dieses gedruckten Ghettos zu achten; beiläufig konsumieren Sie einen Fernseh-Werbespot, in dem sich zu arger letzt herausstellt, daß das kleine Mädchen des jungen Paares, obwohl es auf dem Arm der Mutti sitzt, strahlend offenbart: »Wenn ich groß bin, heirate ich Pappi!«, denn er ist ja – wie Sie – schließlich der Größte und auch Sie werden sich, sofern verehelicht, vielleicht schon einmal gefragt haben, wohin in ein paar Jahren mit der älter werdenden »Gefährtin«?
Und letztlich werden Sie Ihr Renommee am Arbeitsplatz dadurch aufzupolieren suchen, daß Sie Ihren Kollegen in der Mittagspause einige der so urkomischen Schwiegermütterwitze erzählen (wenn Sie mit dem Notieren der Ihnen von besagten Kollegen augenzwinkernd offerierten Telefonnummern fertig sind).
Doch obgleich es bei der, wie man heutzutage sagen muß, erfolgsorientierten Aufzucht unwahrscheinlich ist, könnte es doch sein, daß gewisse Gedankenfetzen durch Ihr Hirn spuken, deren Resultierende ein vages »Ist-das-alles-so?« ist und Ihnen keine Ruhe läßt.
Sie beschließen daraufhin, sich spezielle Informationen zu Gemüte zu führen, um ganz sicher zu gehen, daß Sie mit Ihrer Einschätzung von der Welt richtig liegen: gewissermaßen als Frust-Schutzmittel sehen und hören Sie sich ein wenig unter psychologischen, naturwissenschaftlichen und kirchlichen Erkenntnissen um.
Und siehe da – paßt.
Alles in Butter, wir haben's ja gleich geahnt.

Wie sich der kleine Moritz die Weiber immer schon vorgestellt hat – so sind sie auch, hat Prof. Dr. Moritz eindeutig nachgewiesen. Nichts da von aufgezwungenem Rollenbild – war ja schon seit einer Ewigkeit so.

War's nicht im alten China, wo es vor tausend Jahren schon einen Yang und einen Yin gegeben hat? Wobei der Yang, der männliche Vertreter, als aktiv, produktiv und lebendig beschrieben wurde, der Yin aber, das weibliche Pendant, als passiv, negativ und dunkel? Na bitte.

Ist nicht der Penis – man denkt ja nur darüber nach, weil diese wilden Frauenzimmer jetzt so ein Gewäsch draus machen, weil sie halt keinen haben – ist nicht der Penis also selbst bei den alten Griechen, wo bekanntlich die Wiege der Kultur gestanden hat, als »aidoion«, als »der Ehrfurcht Erregende« [7] gepriesen worden?

Findet man phallische Symbole nicht sogar auf Hausmauern bei den Römern – die ja einmal eine Weltmacht waren, oder? Hat nicht schon Brahma den Gott Schiwa mit einem Riesenphallus ausgestattet? Hat nicht auch die frühe Kirche – *vox dei, vox populi* oder so ähnlich – den Penis angehimmelt? Und gibt's in Afrika außer den Kopfjägern nicht auch heute noch, wie sogar manche Illustrierte weiß, Glied-Jäger? Also.

Von psychologischen und psychoanalytischen Hinweisen auf die Minderwertigkeit der Frau gar nicht zu reden, von Bemerkungen namhafter Naturwissenschaftler, die ja schließlich wissen müssen, warum wir keine Viecher mehr sind, ganz zu schweigen.

Und wenn Sie soweit sind, dann geben Sie sich, gar nicht zu Unrecht, damit zufrieden – denn viel mehr kann man ja kaum machen, um seine Seelenruhe zu finden.

Unglücklicherweise sind die Beweismittel, die die angeführten Informationsträger für die Stichhaltigkeit ihrer Ausführungen anbieten, so beschaffen, daß sie genauerer Untersuchung per saldo nicht standhalten.

So stammt die immer noch gern zitierte Einsicht der »alten« Chinesen aus deren jüngeren Religionen – denn die älteren waren, wie auf dem ganzen Erdkreis auch, Mutterreligionen, bei denen das weibliche und nicht das männliche Prinzip als höchstes galt.

So ist auch der immer noch gern verwendete Einwand mit den »alten« Griechen aus demselben Grund irreführend, denn bis etwa 1000 vor Christi waren die Griechen – genauer: der größte Teil jener Bevölkerung, die im geographischen Griechenland lebte – matriarchalisch.

So ist der Hinweis auf die frühe Kirche für diese schon deswegen gar nicht gut, weil sie ursprünglich eine außerordentlich hohe Stellung der Frau wahrte, welche erst in einer zumindest umstrittenen Phase — die ich jene der Degeneration nennen würde — demoliert wurde. Überhaupt scheint, was Sie noch merken werden, zu gelten: Je leidenschaftlicher die orthodoxen Hohepriester der angeblichen Naturgesetze und des angeblichen Gotteswillens ihre Lehre verfechten, umso brüchiger ist sie.

Wobei ich nicht die Leidenschaft einer Polemik wie der vorliegenden meine — der groben Unsachlichkeit bezichtigt zu werden, nehme ich noch auf mich —, sondern die Verzweiflung des Fallenstellers, dem die Felle davongeschwommen sind.

Im Schwimmen nämlich sind sie schon: Die Saga vom wilden Mann und der milden Frau, die beide so und nicht anders sein dürfen, wollen sie nicht den Untergang des ganzen Geschlechts gewärtigen, leitet sich naturwissenschaftlich im Grunde nur von einer, uns ansonsten nicht übertrieben nahestehenden, Tierart ab: vom Buntbarsch.

Der Buntbarsch ist eine Fischart, dessen Männchen Anzeichen von Impotenz zeigen, wenn das Weibchen nicht unterwürfig ist und dessen Weibchen nur dann sexuelle Erregung zu zeigen scheinen, wenn das Männchen sich als Wüstling gebärdet — womit die Höhere-Tochter-schmilzt-unter-standesbewußtem-Skilehrer-Situation geschaffen ist, die für uns alle so charakteristisch sein soll.

Die Saga vom wilden, verliebten Manne und der milden, verliebten Frau, die sich irgendwann kriegen vor lauter LIEBE, ist, wie Harvey E. Kaye [7] nachweist, überhaupt eine verkitschte Schmonzette. Denn einerseits haben wir für das überstrapazierte und angeblich zu allen Zeiten schon so überaus wichtige Wort »Liebe« offenbar nur eine, nämlich diese, Vokabel — während etwa die Eskimos für ein Ding, das für sie wirklich wichtig ist, für den Schnee nämlich, elf (11) Ausdrücke haben, und während ein Reisbauernstamm auf den Philippinen für ein Ding, das für ihn wirklich wichtig ist, für den Reis nämlich, zweiundneunzig (92) Wörter hat.

Andererseits spielte, wie immer man zu dem Phänomen stehen mag, Liebe oder Nichtliebe bis in die allerjüngste Zeit so gut wie keine Rolle für eine eventuelle Eheschließung: die Iren heirateten überhaupt nur, wenn das ihnen gehörende Stück Land »eine Frau brauchte«, etwa, wenn die Mutter zu alt zum Arbeiten geworden war — infolgedessen lag ihr durchschnittliches Heiratsalter bei 38 Jahren.

Und von der Saga vom wilden, verliebten, überlegenen Mann und der milden, verliebten, unterlegenen (im Sinn von minderwertigen) Frau ist vorläufig nur so viel zu schreiben, daß die als Entdecker beziehungsweise Diskriminierer angeführten Kapazitäten der Psychoanalyse sich gelinde differenzierter auszudrücken imstande waren als die meisten ihrer Fans.

Dennoch könnten Sie immerhin argumentieren, daß es doch ein leuchtendes Zeichen zunehmender Toleranz sei, daß Frauen ungeachtet so vielfach vertretener, mißgünstiger Spekulationen weder durch Handeisen noch durch schwere Ketten gekennzeichnet einhergehen müßten, ja, daß ihnen sogar der Besitz von Seele und Wahlrecht zugesprochen worden sei und daß ihnen damit doch ein großzügiges Podest für die ungehemmte Entfaltung ihrer Schrullen gezimmert worden sei. Trockener: Wo mehr Kritik möglich sei, sei mehr Toleranz vorhanden.

Dem ist aber nicht so. Wir sind nicht wesentlich toleranter als frühere Generationen — wir tolerieren nur anders als diese.

Wie Elaine Morgan [11] erkannt hat, hat sich der Einfallswinkel in unseren Toleranzbereich bloß verschoben, nicht aber nennenswert erweitert.

Während heute gut möglich ist, daß ein Mann offen bekennt, einen anderen Mann zu lieben, ohne Ohnmachten zu provozieren, würde er Peinlichkeit erregen, wenn er schlicht sagte, er liebe seine Mutter (wie ein Sohn). Niemand wird heute etwas dabei finden, wenn ein Mädchen einen Mann in aller Öffentlichkeit küßt, doch wären manche, im Gegensatz zu früher, unangenehm berührt, würde ein Mädchen einem andren den Arm um die Taille legen.

Die Jungfräulichkeit zu lang zu besitzen gilt als ebenso verdächtig wie früher deren rascher Verlust.

Wenn man früher häufig »Jud« hören konnte, kann man heute häufiger »Tschusch« (für Jugoslawe) oder »Spaghetti« bzw. »Katzelmacher« (für Italiener) hören. Während früher verpönt war, laut »Scheiße« zu sagen, gilt heute als exzentrisch, vernehmlich zu beten. Früher war der Alkoholismus eine den meisten suspekte Krankheit, heute ist es die Fettleibigkeit — Trinker werden entschuldigt (». . . der Streß, seine Familie . . .«), Dicke bekrittelt (». . . kein Mensch muß dermaßen fressen!«).

Fast nur eines ist gestern wie heute nie wirklich zum Tabu geworden: sich's als verheirateter Mann ohne Angabe von Gründen anders zu überlegen und Frau und Kinder zügig zu verlassen.

Die Ursache dafür, daß derlei Vorgehen zwar offiziell gar nicht gutgeheißen, im gesellschaftlichen Gefüge aber kaum tabuisiert wurde (und wird), liegt im Mechanismus der Großen Manipulation.

Kalt und warm

».. . denn schon von Kindesbeinen befaßt' ich mich mit Schweinen!«, heißt es im »Zigeunerbaron« – und schon dieser Satz läßt deutlich werden, daß es sich bei erwähntem Musikstück nur um eine Operette handeln kann. Denn dort, wo das Leben so spielt, befaßt sich ein Kind mit nichts – es wird befaßt. Anders ausgedrückt: Kein Kind erlebt seine Umwelt so, wie es möchte oder könnte, sondern so, wie es darf. Warum und seit wann Kinder dazu bestimmt (verdammt) sind, nur das wahrnehmen zu können; was Erwachsene (in der Regel die Eltern) ihnen zugänglich machen und wie die Manipulation dazu geführt hat, daß Kinder weiblichen Geschlechts benachteiligt werden, soll in diesem Kapitel beschrieben werden.

Weil Kinder ihre Umwelt nur dann wirklich begreifen können, wenn sie sie be-greifen können, bleibt allenthalben der statistisch relevante Teil aller Kinder weit hinter den früheren Entwicklungs-Erwartungen zurück: Anders als noch im 18. Jahrhundert gelten heute Kinder, die alltägliche Umweltfaktoren einordnen können, als »aufgeweckt«, und Kinder, die von gewissen Mechanismen, etwa denen des Geschlechtsverkehrs, eine dumpfe Ahnung haben, als »altklug«.

Denn normalerweise darf ein Kind weder seinen eigenen Körper begreifen, noch Dinge, die zerbrechlich, teuer oder schmutzig sind. Den einheitlichen Rahmen stellt das oberste Prinzip jedweder Erziehung her: das Prinzip der Reinheit.

Kinder haben nämlich »kleine Engel« zu sein, mithin Gott nahe, haben mithin ihre (gottgewollte) Reinheit zu erhalten, haben füglich sich nicht zu beschmutzen. Kinder sind eben unschuldig und das bedeutet auch: Sie sind asexuell.

Sexuelle Betätigung von Kindern, in welcher Form auch immer, wird als Verunreinigung bewertet und daher rigoros geahndet. Daß herumfummeln an den eigenen Genitalien fast so arg ist wie in Onkels

Suppenteller spucken, wird dem Kind spätestens anderthalb Jahre nach der Geburt beigebracht.

Als wie nah beieinander Sex und Schmutz empfunden werden, zeigt der Sprachgebrauch noch heute: Pornographie heißt noch allemal, und wenn sie in Badewannen stattfindet, »Schmutz und Schund«; und selbst das bestgewaschene Freudenmädchen bleibt im Volksmund »eine dreckige Hure«.

Die Eltern glauben zu wissen, warum sie ein »reines« Kind im Gegensatz zu den »verdorbenen« Kindern heranziehen: Ungeachtet ihrer gesellschaftlichen Potenz, ungeachtet ihrer eigenen Kindheitserlebnisse soll es, sagen sie, »das Kind einmal besser haben als wir«. Denn hat das Kind »es« einmal besser (was immer das de facto sein mag), dann sind die Eltern froh, glücklich und vor allem als Eltern bestätigt. Sie haben alles richtig gemacht, sie haben ihr Pensum erfüllt, sie können den Posten »Aus-dem-Hansi-muß-was-werden« getrost abhaken. Denn kleiner Engel hin, große Unschuld her, das Kind ist ja letztlich nicht Kind Gottes, sondern, wie der Name schon sagt, (in der Regel: unverkäufliches) Eigentum des Ehepaares.

Sollten Sie an diesem Punkt der AEB (Allgemeinen Eltern-Besudlung) entweder den Glauben an die Menschheit, oder, viel naheliegender, den Glauben an das Buch verloren haben, weil die bisherige Darstellung von Eltern und Kindern so gänzlich der Liebe, Güte & Co. entbehrt, die dieser Beziehung doch landläufig innewohnt, so möchte ich drauf hinweisen, daß das eine das andere nicht ausschließt.

Natürlich lieben, wie wir schon im zweiten Kapitel festgestellt haben, Eltern ihre Kinder, natürlich erziehen sie ihre Nachkommen nicht aus Bosheit schematisch oder sogar schlecht, sondern aus Unkenntnis.

Zwar zitiert Shulamith Firestone [5] Theodor Reik, der behauptet, er habe einen Jungen gekannt, der bis zum vierten Lebensjahr glaubte, sein Name sei »Haltsmaul« – aber das ist gewiß eine traurige Ausnahme.

Keineswegs Ausnahme ist jedoch, daß bei einem Großteil jener Fälle, in welchen Außenstehende eine geradezu einmalige und rührende Kinderliebe feststellen, nicht viel mehr vorliegt, als eine durchaus gängige Art des Narzismus, der Eigenliebe der Eltern.

Dieser Narzismus stellt sich, sagen die Psychoanalytiker, so dar: In dem Kind, das »es besser hat«, suchen die Eltern ihr besseres Ich. Sie lieben sich dafür, daß sie ihm dies oder jenes ermöglicht haben, von dem sie als Kind »natürlich nicht einmal träumen« durften. Das ist – in meinem Jargon – die Warm-Phase elterlicher Taktik.

Zur Kalt-Phase gehört die Phrase: »Wozu soll sie (er) das haben

(kriegen)? Wir haben das auch nicht gehabt und sind groß geworden.« Austauschbar ist diese Formel mit »lernen müssen«: Wir haben das auch lernen müssen und es hat uns nicht geschadet, bzw. sparen müssen, früh heimgehen müssen . . . ad finitum. Dennoch ist die »Kalt«-Phase für die meisten Eltern nicht kennzeichnend – sie dient bloß dazu, bestimmte Spielregeln von klein auf zu kodifizieren. Kennzeichnend ist dagegen die »Warm-Phase«, denn das höchste Glück für Eltern sind nicht Kinder, sondern glückliche Kinder. Und »Glück« ist auch der Schlüssel, mit dem ein ganzer, kultischer Jahrmarkt-Betrieb aufgesperrt wurde. Ein Betrieb, der zur Folge hat, daß die mit ihm konkurrierende Vernunft in Konkurs gehen mußte.
Wie nämlich längst bekannt, ist es das Wichtigste für eines Kindes Wohl, daß die Eltern sich ihm widmen, das heißt, sich für das Kind Zeit nehmen – dies eben trägt wesentlich zur Entfaltung seiner »kognitiven Fertigkeiten« (unzureichend, aber ungefähr mit »Intelligenz« zu übersetzen) bei. Doch die von den Eltern so investierte Zeit hat einen großen Nachteil: Man kann sie nicht herzeigen. Man kann zwar anderen Ehepaaren davon erzählen – aber wer spricht denn nicht davon, daß er sich »ständig mit dem Kind beschäftigt«? Für aufgewendete Zeit gibt's eben keinen unmittelbaren Beweis (sie wird dann erst nachweisbar, wenn das Kind einmal klüger und selbstsicherer ist als andere).
Hergezeigt werden kann nur Handfestes – Dinge, die »man« gegen Entgelt speziell für das Kind und *nur* für das Kind erworben hat: Also schufen die Erwachsenen, dem kindlichen Gemüt gleichgültiger gegenüberstehend als dem eigenen kindischen, für sich eine Kinder-Industrie. Sie dient der Beweihräucherung elterlicher Obsorge und der Beruhigung des elterlichen Gewissens.
Damit das Kind Sachen zum Spielen hat, wurden – vor nicht viel mehr als drei Jahrhunderten, schreibt Firestone – »Spielsachen« erfunden.
Zuvor schon, zu Beginn des 16. Jahrhunderts, begann auch die feinsäuberliche Trennung von Kind und Erwachsenem; während früher (und nicht nur im Orient) Erwachsene einander Geschichten erzählten, die mitunter Fabeln oder Märchen genannt wurden (noch die Kunstmärchen der Romantik waren ausschließlich für Erwachsene gedacht), war es später gang und gäbe, nur Kindern solches zu erzählen.
Parallel dazu wurde ein ritualisiertes Verhalten in Gegenwart von Kindern ausgebildet: Es galt als ausgesprochen schofel, über Geschäfte oder Liebesaffären zu reden oder gar zu fluchen. Es galt hin-

gegen als zärtlich, den Nachwuchs mit »Häschen, Mäuschen, Kätzchen, Schätzchen« zu kosen.
Und zu diesem Zeitpunkt, bemerkt Firestone gallig, wurden die Frauen gleich mitgekost: Die Vokabeln für Frauen und Kinder wurden dieselben, beide wurden zu Gesellschaftsmitgliedern zweiter Klasse. Und Friedrich Engels bekam dadurch (die nicht eben häufig wiederkehrende) Gelegenheit, einen Satz zu schreiben, der auch heute noch gilt: »In der Familie ist der Vater der Bourgeois, Frau und Kind das Proletariat.« Amen.

Vergegenwärtigen Sie sich bitte, daß der Zeitraum etwa des Beginns der Neuzeit eminent wichtig und eminent unheilvoll für die Geschichte der Gesellschaftsformen war, denn damals wurde erstmals ein ziemlich willkürlicher Begriff geschaffen: das Kind.
Damals erhielten die Träger dieses Begriffs, die Kinder, ihren bis heute anhaltenden, debilisierenden Sonderstatus, und damals wurden Frauen mit Kindern auf eine Stufe gestellt. Von den Männern, die ehedem längst nicht soviel zu reden hatten.
Denn wie die meisten Anthropologen übereinstimmend berichten, war in früheren Zeiten der Menschheit die Familie in ihrer heutigen Form nirgendwo existent. Die früheste Familie bestand aus den Frauen und den Kindern — der »Vater« war da nicht dabei.
Lewis Henry Morgan schreibt: »Die patriarchalische Familie war vollkommen unbekannt.« Und wie Elizabeth G. Davis in »Am Anfang war die Frau« [4] festhält, galt »in Polynesien vor Ankunft der christliche Missionare die Vaterschaft nicht als Verwandtschaft.« Es gab also kein »Familienoberhaupt«, um das sich »natürlich« alles zu drehen hatte, weil Gott es so und nicht anders wollen hatte, sondern es drehte sich alles um alle Mitglieder der Familie.
Erst im späten Hellenismus und namentlich im römischen Reich wurde der Mann, »pater familias«, offiziell Oberhaupt der Großfamilie, wenn auch nicht unbedingt deren Mittelpunkt; ein allzu maßloses Patriarchat verhinderten, bis zum vierten Jahrhundert nach Christi, die frauenfreundlichen Gesetze der Römer: Erb-, Scheidungs- und Schwangerschafts-Unterbrechungsbestimmungen waren liberaler und matriarchaler als alle Gesetze bis zur Hälfte unseres Jahrhunderts; wie Gould-Davis vermerkt, beklagten römische Schriftsteller nicht selten, wie leicht den Frauen die Scheidung von einem alternden Mann gemacht würde. Historisch ist dies insofern erklärbar, als die frühen Römer wie auch die Etrusker matriarchale Stämme waren.
Als das Christentum immer stärker Fuß faßte und die Bevölkerung

auf das hörte, was der Frauenfeind Paulus sagte, wurden die Rechte der Frau beständig geschmälert.
Doch die weitläufige Organisation der Großfamilie bremste die Autorität des Mannes jahrhundertelang: Infolge der größeren Sterblichkeit der Väter fiel den Müttern — den Matronen — oft die Aufgabe der Erziehung des Nachwuchses zu, so daß diese Mütter dann auch später ihre erwachsenen und verheirateten Söhne dominierten.
Erst als die Söhne aus dem Elternhaus auszogen, als stufenweise die sogenannte Kernfamilie entstand, erlangten sie die volle Herrschaft. Shulamith Firestone schreibt, daß die Kernfamilie »erst ab dem 14. Jahrhundert schrittweise entwickelt« wurde. Was wir also so natürlich finden, das Zusammengehören von Vater-Mutter-Kind, gab's die längste Zeit nirgendwo.
Dies schon deshalb, weil es im Mittelalter keine Kindheit gab, das heißt, die Heranwachsenden bildeten nicht automatisch eine eigene Kaste. Die Erwachsenen erkannten bloß, daß Kinder noch nicht soviel zu leisten imstande seien wie sie selber, und nur das leisten konnten, wozu Schwache und Behinderte in der Lage waren. Also verpaßten sie den Kindern jenes Vokabular, das auch auf Unterprivilegierte (Schwache und Behinderte) angewandt wurde. Es gab keine sogenannte Achtung vor Kindern, es gab auch keine geheuchelte Fürsorge. Dies war auch nicht nötig, denn in der damaligen Großfamilie kümmerten sich ohnehin die Älteren um die Jüngeren, waren Kinder ohnehin einfach Mitglieder der Gesellschaft und basta.
Das änderte sich im 16. Jahrhundert, als die Kernfamilie ihr allmächtiges (männliches) Haupt erhielt, dem fortan Frau und Kind allein untertan zu sein hatten. Um diese Zeit entstanden auch die ersten Kinderkleider. Kinder der Oberschicht trugen nun eigens für Kinder der Oberschicht gefertigte Kleider — also standesgemäße Garderobe; zuvor hatten sie Kleider getragen, wie sie von Erwachsenen der Unterschicht getragen wurden.
Zu dieser fragwürdigen Verbesserung kam eine zweite, die die Erziehungsmethoden ein für allemal revolutionierte: die Schule.
Über den unschätzbaren Wert der Schule als Arbeitsplatz für Lehrer ist schon viel geschrieben worden; Firestone meint in »Frauenbefreiung und sexuelle Revolution« jedenfalls, daß die Schule die unleugbare Eigenschaft besitze, »die Kinder für einen immer längeren Zeitraum von der Welt der Erwachsenen abzusondern«, was nachweisbar zur Folge hätte, daß geistige Frühreife so gut wie verschwunden sei. Frappant auch, daß Schulen seit je dazu neigen, eher Disziplinierung als Wissensvermittlung mit sich zu bringen und dadurch die indivi-

duelle Entwicklung der jungen Leute eher hemmen als fördern. Da die Schulen überdies in Alters-Klassen eingeteilt sind, ist der jahrhundertealte Brauch, daß die Jüngeren von den Älteren lernen, erfolgreich beseitigt worden.
Und weil dadurch ein Kind auch nicht mehr lernt, was es will, sondern das, wofür es am meisten gelobt wird, orientiert es sein Verhalten nun daran und verliert die Lust: das bedeutet, es verliert Originalität, Spontaneität und Neugierde.
Nun wurde aber just diese Einrichtung der Neuzeit, anders als die parallel dazu sich verbreitende Syphilis, zu einem ausgesprochenen Hit der zivilisierten Völkerscharen. Und es galt als ausgemacht, daß der *in* war, der halbwegs Bescheid wußte über das, was in der Schule gelehrt wurde — alle anderen waren ausgemachte Banausen.
Es fügte sich, daß die meisten davon Frauen waren, weil Schule die längste Zeit überwiegend Männersache war. Wenn aber in einer Gesellschaft ein bestimmter Fetisch einen hohen Stellenwert hatte, dann kommt ihm auch eine große Bedeutung für die Meinungsbildung der Allgemeinheit zu — und dann muß man sich ansehen, was da so zur Meinungsbildung beiträgt.
Ich will Sie jetzt nicht mit Greuelgeschichten langweilen, die alle besagen, Mädchen erhielten qualitativ minderwertigeres Bildungsgut als Jungen (ein Beispiel nur: Noch 1972 lernten in Bremer Hauptschulen die Jungen 2 Stunden Physik pro Woche, die Mädchen hingegen, berichtet Renate Stefan, 2 Stunden »Nadelwerk«).
Ich will Ihnen nur anhand einiger Exempel vor Augen halten, wie wahr der alte Spruch »Non scholae, sed vitae discimus!« doch ist.
Eine Stichprobe unter amerikanischen Schulbüchern ergab, daß in jedem dritten Buch überhaupt keine Frau erwähnt wird.
Im US-Staat Oregon wurden die sechs in Schulen meist verwendeten Liederbücher untersucht [15]; unter den insgesamt 700 Liedern kommen dreimal soviele über Männer, Männlichkeit und »Männertum« vor wie über Frauen, und während den Männern immerhin etwa dreißig Berufe zugebilligt werden, werden den Frauen nur sieben zugestanden. Diese Berufe sehen so aus: Köchin, Königin, Prinzessin, Krankenschwester, Mutter, Magd und, zur Krönung, Hexe.
Gaby Karsten hat 1977 elf Grundschulbücher Westberlins durchforstet; in eintausend Texteinheiten wurden von fünfzehnmal mehr Männern Lebensgeschichten beschrieben als von Frauen und wurden allgemein gute Eigenschaften (von Fairneß bis Klugheit) Männern zehnmal mehr zugeschrieben als Frauen.
Schon von klein auf erfahren wir also, daß Frauen unwichtiger sind,

selten gute Eigenschaften haben und sich nur für wenige Karrieren eignen, die nichts mit einem Besen zu tun haben.
Und was einem Kind da in der Schule vorgebetet wird (und daheim dann eventuell verstärkt wird), das muß es einfach glauben, weil dies seine ersten Orientierungshilfen sind. Diese führen, erkannte der amerikanische Journalist Walter Lippman, zur »Stereotypie«: »Man lernt im Leben erst die Meinungen, dann die Erfahrungen.«

Wann (und ob überhaupt) die Erfahrungen gemacht werden, hängt vom Individuum ab; die Meinungen jedenfalls werden ab der Stunde Null gemacht.
Schon am ersten Tag nach der Geburt ihrer Tochter (oder Sohnes) schreiben Eltern dem Kind Geschlechtsrollen zu: Nach Frank und Claire Wesley [15] mußten bei einem Test 30 Paare etwas über ihre Neugeborenen sagen. Obgleich kein Unterschied objektiv feststellbar war, wurden die Töchter durchwegs als »klein, hübsch, zart«, die Jungen aber als »robust, munter, kräftig« beschrieben.
Die Psychologin Jerrie Ann Will zog 1966 einem sechs Monate alten Säugling ein blaues Strampelkleid an und ließ ihn bei fremden Müttern unter dem Hinweis in Obhut, er heiße »Adam«; im Zimmer waren allerlei Spielsachen ausgelegt; wenig später wurde »Adam« von den Müttern dazu animiert, mit einer Eisenbahn zu spielen. Als derselbe Säugling einer anderen Gruppe Mütter im rosa Trikot als »Betty« vorgestellt wurde, gaben »ihr« die Mütter prompt eine Puppe in den Arm.
Zu willentlichen Geschlechtsdeterminationen kommen (ebenfalls laut F. und C. Wesley) unwillentliche: Weil kleine Jungen im Wachzustand aktiver sind als Mädchen, nehmen Mütter sie häufiger auf den Arm; weil sie häufiger auf den Arm genommen werden, werden sie noch aktiver: eine solche Verstärkung eines Trends heißt »Kovarianz« und ist für eine Reihe von Dingen verantwortlich, von denen man einst glaubte, sie seien halt angeboren.
Die Bevorzugung von Jungen ist noch weiter belegbar: 90 Prozent der amerikanischen Männer und 92 Prozent der amerikanischen Frauen wollen, wenn sie nur ein Kind haben könnten, einen Sohn. Und abgesehen von der erstaunlichen Realität des Sprichwortes vom »Rabenvater« — Väter beschäftigen sich mit neugeborenen Kindern im Durchschnitt 37 (!) Sekunden —, abgesehen davon läßt väterliche Beschäftigung mit Kindern eine klare Präferenz der männlichen Nachkommen erkennen: Das Verhältnis von »notwendiger Betreuung« (wie Füttern oder Trockenlegen) zu »unnotwendiger Betreu-

ung« (wie Reden und Spielen) ist Töchtern gegenüber 62 zu 38 Prozent; Söhnen gegenüber aber 34 zu 66 Prozent — das heißt, dem Sohn wird vom Vater freiwillig mehr Aufmerksamkeit geschenkt [15]. Wenn Sie wollen: mehr Liebe.

Über Mütter ist mir dazu keine Studie bekannt, nur eine noch über Eltern allgemein: Sie besagt, daß Eltern Mädchen wohl mehr loben, aber auch mehr kritisieren als Jungen; daß Eltern aber am Spiel der Jungen eindeutig mehr Anteil nehmen.

Die Anteilnahme der Väter ist, Sie ahnen es bereits, ungleichgewichtig: Sie belohnen Jungen doppelt so häufig wie Mädchen.

Generell versuchen Eltern, die Geschlechtsfixierung schon im zartesten Alter ihrer Kinder durchzuziehen: Mädchen werden, fanden Kinderpsychologen heraus, sehr früh auf das »konditioniert« (meine deutschen Freunde würden wohl getrimmt sagen), was »man« unter »weiblichem Verhalten« zu verstehen hat; Eltern lächeln ihnen häufiger zu, wenn sie still dahocken und gottergeben schweigen, weniger häufig, wenn sie herumrennen und brüllen; bei Buben ist es (etwas weniger ausgeprägt) umgekehrt.

Das Prinzip von Kalt und Warm dient also auch der unauffälligen Steuerung dessen, was die Erwachsenen dann so gern mit einfältigem Lächeln die »Selbstfindung« nennen.

Mädchen merken, daß Vati sie lieb hat, wenn sie den Mund halten und »hübsch und zart« aussehen; Jungen finden heraus, daß Vati sich freut, wenn sie ein bißchen Krawall machen.

Was beide nicht merken können, ist der Umstand, daß Vatis Verhalten keinen nennenswerten Einfluß auf ihren Intelligenz-Quotienten (IQ) hat.

Ehe wir drauf zu sprechen kommen, möchte ich noch was Grundsätzliches anmerken: die gute, alte Mär, es gebe

1. eine (1) Intelligenz und
2. diese wäre angeboren,

sollte allmählich gegen zeitgemäßere Legenden eingetauscht werden (z. B.: Politiker müssen intelligent sein).

Wahr scheint nämlich, daß jeder Mensch ein Bündel verschiedener Intelligenzen, anders genannt: »Kognitiver Fertigkeiten«, besitzt, wobei es eine manuelle Intelligenz ebenso gibt wie eine analytische oder eine kreative.

Von diesem Bündel scheinen etwa 55 Prozent angeboren zu sein, der Rest angewöhnt und angelernt: Intelligenz, wie sie heute eruiert und gemessen wird, ist offenbar, den Genetikern zum Trotz, komplett erst nach dem dritten Lebensjahr vorhanden.

Wäre dem nicht so, dann könnte nicht sein, daß, wie Frank und Claire Wesley berichten, das Verhalten der Mutter sehr wohl Einfluß auf den IQ des Kindes haben kann: Und zwar beeinflußt sie die Lernfähigkeit des Kindes in Bezug auf die erwähnten »kognitiven Fertigkeiten« bis zu dessen drittem Lebensjahr je nachdem, ob sie gereizt ist oder nicht, autoritär oder nicht und ähnliches mehr.
Merkwürdigerweise ist der Einfluß auf Söhne stark, auf Töchter schwach. Nur eine einzige mütterliche Eigenschaft kann die Intelligenz des Mädchens — und zwar negativ — beeinflussen: übertriebene Besorgtheit um die Gesundheit.
Wenn wir also zusammenfassen, was den Beginn unseres Lebens bestimmt, dann ergibt sich

— daß die Erziehungsprinzipien keinesfalls seit eh und je so waren, wie sie heute sind;
— daß sie sich auf Traditionen stützen, die erst seit jüngster Zeit überliefert sind;
— daß diese Traditionen willkürlich sind und nur einer Notwendigkeit dienen, jener nämlich, dem lange wenig beachteten Mann einen zuverlässigen Machtfaktor zu bescheren;
— daß die Erziehung statt Persönlichkeiten Klischees formt;
— daß die geschlechtliche Spezifikation in der Regel eine Schlechterstellung des weiblichen Geschlechts bedeutet;
— daß alle frühen Orientierungshilfen, von Eltern bis Schule, bemüht sind, diese willkürliche Schlechterstellung als das natürlichste Ding auf Erden hinzustellen;
— und daß diese angeblichen Normen mittels Strafen und Belohnungen, das heißt, mit Hilfe einer »Kalt-und-warm«-Strategie, verankert werden.

Das Produkt dieser goldenen Erziehungsregeln möchte ich Ihnen im nächsten Abschnitt vorstellen. Vorwegnehmen will ich nur ein besonderes Phänomen unserer »aufgeklärten Kulturgesellschaft«: das Phänomen der Schwiegermütterwitze. Und zwar deshalb, weil hier scheinbar die Gesetze sogar männlicher Logik mißachtet werden.
Ich will Ihnen das so erläutern: Es gibt bei fast jedem jungen Paar eine Mutter der Frau und eine Mutter des Mannes. Nun geschieht es nicht selten, daß der junge Mann bis zu einem gewissen Alter bei seinen Eltern lebt und — das Rollendenken, Sie erinnern sich — von seiner Mutter »versorgt« wird (bekocht, bestrickt, bebügelt). Dann lernt er ein Mädchen kennen, will es heiraten und zieht mit ihm in ein eigenes Heim. Die Mutter sorgt sich natürlich um das Wohl ihres

lieben Sohnes und wacht mit Argusaugen, wie denn nun ihre Schwiegertochter »ihre Aufgaben« wahrnehmen wird.
Und weil es zwischen Schwiegermama und Schwiegertochter zu Rivalitäten kommt, kommt es zum Streit zwischen den jungen Leuten. Und weil dem Streit für Außenstehende schon immer der böse Witz nahe gewesen ist, wurden aus solchen Situationen die Schwiegermütterw . . .
Wie bitte? Sie sagen, da stimme was nicht?
Eben. Da stimmt was nicht. Denn aller Logik zum Trotz ist es in den Witzen nie, unter keinen Umständen und wenn auch Not am Witz ist, *seine* Mutter, die sich als abscheulicher, hinterhältiger Drache entpuppt, sondern *ihre!* Die Mutter der jungen Frau ist das Subjekt in diesen Witzen.
Obgleich keine Konkurrenzsituation vorliegt. Obwohl unersichtlich ist, welchen Hintergrund die vorgebliche Spannung zwischen ihr und dem jungen Mann haben soll, ist sie es, die ihm das Leben schwer und den Wirtshausbesuch leicht macht.
Des Rätsels Lösung: die gute Erziehung ist schuld. Denn wenn wir eingetrichtert bekommen, daß eine gute Frau zärtlich und züchtig, fromm und folgsam zu sein hat, und es stellt sich heraus, daß nach anfänglichem Turteln das Zärtliche ebenso abnimmt wie das Folgsame, dann wittern wir düstere Machenschaften.
Und wenn wir in den ersten Lesebüchern unseres Lebens erfahren, daß die alte Königin viel würdevoller ist als die junge Königin; daß die alte Köchin viel besser Marmelade macht als die junge Köchin; daß die alte Magd der Kuh mehr Milch entlockt als die junge Magd; und daß die alte Hexe natürlich viel, viel böser ist als die junge Hexe – dann liegt für jeden gescheiten Jungen auf der Hand, daß man sich zeitlebens vor alten Weibern in acht zu nehmen habe. Weil sie erfahrener sind. Weil sie die Tricks, die einem selber gerade erst eingefallen sind, schon lang kennen. Und an ihre eigene Brut womöglich weitergeben! Und das ist der Grund, aus dem einem die erste alte Hexe, die man zu Gesicht kriegt, suspekt ist.
Diese ist für gewöhnlich die Mutter der Auserwählten: Weil sie wenig Hehl daraus zu machen pflegt, daß sie einen jungen Mann ihrer Tochter für einen Windbeutel, einen nicht mehr ganz so jungen für einen Hallodri hält, handelt der also Durchschaute in Notwehr. Die einzig denkbare Autorität, die seiner verliebten Frau erfolgreich einreden könnte, man müsse als Ehefrau dem um drei Uhr nachts ebenso merkwürdig würgend wie lallend heimkehrenden Mann nicht binnen fünf Minuten die Füße küssen, muß vernichtet werden.

Dressierter Affe sucht gleichgesinnten

Wie wir gesehen haben, stützt sich die erste Stufe der Großen Manipulation — die landläufig euphemistisch Erziehung genannt wird — auf zwei solide Säulen. Die eine ist die Bildung eines kleinen Bundes, in dem der Mann allein der Boß ist, die andere ist die Zuordnung von bestimmten Geschlechterrollen.
Doch weil eine Dressur erst dann wirklich gut ist, wenn man sie nicht mehr als solche erkennen kann, wenn bestimmte angezüchtete Tätigkeiten »wie angeboren« erfolgen, muß sie unbegrenzt sein.
Das heißt in unserem Fall, es genügt nicht, dem weiblichen Geschlecht bestimmte Normen zu oktroyieren, auch — und gerade — das männliche muß vergattert werden.
Dies geschieht am besten durch geschlechtliche Isolation: Mädchen spielen mit Mädchen, Jungen mit Jungen, man schaut sich voneinander was ab, man formt seine ersten Vorbilder nach Ebenbildern des eigenen Geschlechts — man isoliert seine Interessen.
Wenn erst einmal die Interessen, die Vorlieben, die ersten Ziele geschlechtsspezifisch ausgerichtet sind, dann sind nicht nur die Interessen des anderen Geschlechts belanglos und nicht erstrebenswert — dann ist es auch nicht mehr erstrebenswert, wie Mitglieder des anderen Geschlechts zu denken und zu fühlen, dann ist folgerichtig, daß Jungen haben (werden) wollen, was Männer haben (sind) und daß Mädchen haben (werden) wollen, was Frauen haben (sind).
Auch im Zeitalter der angeblich gemeinsamen Erziehung, der Koedukation, wächst jedes Kind nach bestimmten Prämissen auf; es stimmt nicht, daß heute alle Kinder gleich erzogen werden: Zum denkbar wirksamsten Zeitpunkt, in der Stunde Null nämlich, werden bereits Elixiere verabreicht, von welchen der Heranwachsende später bereit sein wird zu schwören, daß es sich um Lebenselixiere handelt.
Sie besagen im wesentlichen immer eines: Mädchen seien ruhig,

scheu und reagierend (passiv), Jungen unruhig, neugierig und agierend (aktiv) — und so werde es bleiben, solang die Erde sich drehe. Das kann man einzelnen Personen in vergleichsweise kurzer Zeit aufschwatzen — aber um ein ganzes Geschlecht zu irritieren, braucht es Generationen. Im Augenblick stehen wir bei der siebenten manipulierten Generation. Denn die zielgerichtete Verblödung der Frau begann im vorigen Jahrhundert. Ihre Unterdrückung setzte früher ein, aber das Gefühl, gegen den Strich gebürstet zu werden, wurde sie erst vor hundertachtzig Jahren los. Ich möchte diese Zeit (natürlich, wie es meine Art ist, streng manipulativ) uns ein bißchen in Erinnerung rufen.

Es war die Zeit, da Mädchen Namen bekamen, wie sie vorher nur Haustiere hatten: Flossie, Kitty, Belly, Lindi, Do, Mirjam ...

Es war die Zeit, da durch die gnadenlose Verschulung infolge einer mehr oder minder allgemeinen Schulpflicht die gespreizten Sitten der kulturtragenden Oberschicht im ganzen Volk breitgewalzt wurden;
da ein Ratgeber gedruckt wurde, der »Der Freund der jungen Dame« hieß, und in dem unter anderem zu lesen war: »Bedenke stets, daß Jungen von Geburt an klüger sind als du. Betrachte sie als vernünftige Wesen, die Zugang zu Wissensquellen haben, von denen du ausgeschlossen bist.« [4];
da die meisten Ehegesetze mit der Untertanenpflicht der Frau dem Manne gegenüber beschlossen wurden;
da Industrialisierung eine Teilung der Tätigkeit von Mann und Frau erzwang: er mußte keuchen, sie mußte kochen;
da der Wappenspruch »Kinder — Küche — Kirche« geprägt und die Schürze zum Tageskleid erhoben wurde;
da das verklemmte viktorianische Zeitalter der Frau nicht nur absprach, ein Recht auf sexuelle Betätigung zu haben, sondern auch die Möglichkeit, sexuelle Befriedigung überhaupt erlangen zu können;
da die mitunter imposante Rolle der Frau des 18. Jahrhunderts vom Spielplan der Gesellschaft radikal abgesetzt wurde;
da infolge innerstaatlicher Revolutionen und außerstaatlicher Kolonialisierungen die Politik auf beinahe ausschließlich aggressiven Prinzipien basierte;
da eine ebenso falsche wie umfassende Romantisierung der Frau diese ins Heimchen-am-Herd-Eck drängte;
da aus den nicht selten ehedem von Frauen inspirierten Salons nun Klubs wurden, zu denen Frauen keinen Zugang hatten.

Kurz: es war das erste neuzeitliche Jahrhundert, in dem so gut wie nichts aufkam, was der Frau genützt hätte.

Aus dieser anheimelnden Zeit, von der unsere Großeltern noch Paradiesisches gehört haben (weil von der Säuglings-Sterblichkeit denn doch keiner so recht reden mochte), stammt die profunde Grundlage für jenes Gehabe, das heute noch in den meisten Familien, die sich gern »gutbürgerlich« nennen, Brauch ist.
Der »Brauch«, in besagten Familien gern (lateinisch) *usus* genannt, ist das Schwungrad für das Verhalten der Heranwachsenden – denn er animiert den Nachahmungstrieb.
Da es unter den Psychologen noch immer ein munteres Raten darüber gibt, wozu der Nachahmungstrieb denn da sei und woher er denn stamme, möchte ich folgende Behauptung riskieren: Der Nachahmungstrieb dient der inneren, manchmal auch der äußeren Sicherheit des Individuums und ist deshalb ein Hilfswerkzeug des Selbsterhaltungstriebes.
Um sich nicht der Gefahr auszusetzen, von der eigenen Art nicht erkannt und dann deshalb unliebsam behelligt zu werden, versucht das Individuum, das allgemeine Gruppenverhalten zu imitieren. Strikte Nachahmung des gängigen Benehmens verhindert, zum befeindeten Außenseiter zu werden. Und eine Außenseiterrolle ist das letzte, was ein Kind anstrebt, denn es ist unsicher.
Mehrere Untersuchungen zu den Berufs-Wünschen von Kindern förderten zutage, daß Jungen hauptsächlich Polizisten, Mädchen vorwiegend Krankenschwestern werden wollten. Aber was auf den ersten Blick wie die Inkarnation aller Geschlechts-Präferenzen aussieht, wie der Inbegriff aller konventionellen Vorstellungen, schmolz nach intensiven Befragungen auf einen gemeinsamen Kern zusammen: Bei beiden Geschlechtern ist der Wunsch nach persönlicher Sicherheit gleich groß. Doch weil man Jungen erzählt hatte, der Polizist sorge für Sicherheit, und den Mädchen, die Krankenschwester garantiere Sicherheit, nannten sie geschlechtsspezifisch diese Berufe. Sollten Sie nicht ganz glauben wollen, daß das geschlechtliche Spezifikum sogar in diesem Fall kein angeborenes war, dann will ich Ihnen ein zweites Beispiel dafür bringen, wie stark der Nachahmungstrieb in jedem von uns verankert ist.
1973 machte ein amerikanischer Psychologe, schreiben Claire und Frank Wesley, einen »Umerziehungstest«: Er wies einen achtjährigen Jungen an, mit typisch weiblichem Spielzeug zu spielen und schickte einen zweiten Jungen dazu; der erste Junge hatte die Aufgabe, nach einer Weile den Raum zu verlassen. Resultat: Der zweite Bub spielte – erstmals in seinem Leben – ohne weiteres mit dem Weiberkram; dasselbe Experiment gelang mit Mädchen und Jungenkram. Der

Nachahmungstrieb war stärker als die Gewohnheit. Er ist auch stärker als Liebe.
So ungeheuerlich Ihnen der Satz vorkommen mag, so beweisbar ist er. Denn nur dieser Trieb bewirkt etwas Elementares im Leben des Heranwachsenden: den Verrat an der Mutter.
Der Junge wird in einem bestimmten Abschnitt seines Lebens dazu ermutigt, die Welt der Machtlosen, der Kinder und der Frauen also, zu verlassen und überzuwechseln ins Lager der Mächtigen, ins Lager der Männer.
Dies verursacht, wie Shulamith Firestone schreibt, mitunter beträchtliche Komplexe bei Jungen, weil sie die Walstatt der geliebten Mutter verlassen müssen, um anerkannt zu werden. Doch trotz allen Schuldgefühlen sind sie bestrebt, sich ihren Platz in den Reihen der Bestimmenden zu sichern, so, wie es von ihnen erwartet wird.
Das Mädchen kriegt noch mehr Komplexe eingejagt, denn ihm offeriert sich eine Weggabel: Es kann entweder die sogenannte weibliche List einsetzen, um mit der Mutter um Vaters Zuneigung zu kämpfen (Verrat des mütterlichen Individuums) oder aber es kann sich strikt weigern, einen eventuellen Unterschied zum Bruder anzuerkennen, wobei es dann beginnt, so wie dieser das Verhalten des Vaters entschlossen zu imitieren und ein »Wildfang« zu werden (Verrat des mütterlichen Geschlechts).
Der Zwiespalt, den Frau Firestone skizziert, hat immer nur eine Ursache: Junge und Mädchen orientieren sich an den Mitgliedern ihres Geschlechts – die dressierten Affen suchen gleichgesinnte.
Die Suche endet immer erfolgreich. Denn der Junge, der raufen, ballspielen, turnen und klettern soll (und nicht nur darf), findet Jungen, die raufen, ballspielen, turnen und klettern sollen. Sie sollen dies, um ihre Zugehörigkeit zur Männerwelt, zum Männertum zu beweisen. Zwar wird ihnen diese Ausübung männlichen Strebens offiziell nur per Augenzwinkern gestattet, doch insgeheim hoffen alle Eltern, wenigstens die Väter, daß sie sich so verhalten wie Buben »es zu meiner Zeit« eben taten.
Denn Buben haben Lausbubenstreiche im Sinn zu haben: Sie sind unbändig, der Mutter offizieller Kummer, der Mädchen Schreck, des Lebens wilde Sorte. Sie sind das, worüber Intschu-Tschuna stolz ist und weswegen Klekih-Petra seufzt: Winnetou *at his best*.
Wenn sie wirklich einmal Milch holen oder einkaufen gehen, dann kriegen sie eine »Belohnung«, denn die steht ihnen zu: Schließlich haben sie etwas unter Aufopferung ihrer männlichen Gefühle getan.
Wenn sie ihre Lederhose schmutzig machen, dann stöhnt zwar die

Mutter, doch der Vater schmunzelt befriedigt: Der Sohn ist eben ein Kerl, wie er selber einer war.
Wie stark gerade hier der Wille zur Stereotypie ist, läßt sich daran ermessen, daß hier eines der obersten allgemeinen Erziehungsprinzipien bedenkenlos aufgegeben wird, jenes der Reinheit nämlich: Zu Jungen gehört es, sich und Kleidung dreckig zu machen, einfach dazu, ungeachtet des Idols vom sauberen kleinen Engel; sobald ein Junge diese Vorschrift nämlich durchbricht, hat er in der Regel kein Gebot durchbrochen, sondern die Schallmauer mütterlicher Schelte: Fortan unterliegt er nicht mehr den Gesetzen der Frauen & Kinder Company, sondern schon jenen des Jünglings — er ist mithin nicht mehr der gemeinen Gerichtsbarkeit der Frauen unterstellt, sondern dem differenzierenden Urteil der Männer.
Mädchen, die sich schmutzig machen, werden folgerichtig verachtet: Sie sind nicht wie ihresgleichen, sie haben aber auch keine Chance, ein Mann zu werden; sie bilden jenes menschliche Reservoir, das den Müttern zur Anwendung ihres Reinheits-Prinzips von den Vätern willig überlassen wird — was sie in der Regel auch zu fühlen kriegen.
Jungen aber müssen sich nur an ein paar ungeschriebene Regeln halten, um glorifiziert zu werden: Wenn sie etwas Despektierliches sagen, was den Tatsachen entspricht, gelten sie als »vorlaut«; wenn sie aber was Despektierliches sagen, was männlichen Vorurteilen entspricht, gelten sie als »vif«.
Wenn sie von einem Boxkampf mit einem Artgenossen heimkommen, werden sie gefragt, ob sie gewonnen haben, nicht, ob sie ein paar Zähne eingebüßt haben — denn Indianer kennen keinen Schmerz.
Ein Junge muß sich, härteste Bedingung für künftige Privilegien, damit abfinden, daß jegliche Verletzlichkeit als Laster, jedes Gefühl als Schwäche interpretiert wird. Selbst Mitleid ist kein Ding für Männerherzen: Wer wirklich stark ist, ist völlig ungerührt.
Das einzige, was dem Jungen von klein auf beigebracht wird, um sein Naturell vor völliger Verrohung zu bewahren, ist »Kavalierstum« und »Ritterlichkeit«.
Diese Kavalierssitten (die im fortgeschrittenen Alter um die »Kavaliersdelikte«, wie Mädchen betrunken zu machen und hernach zu mißbrauchen, bereichert werden), haben eine feste Grundlage: Sie werden propagiert zum Wohle der Frau, dienen aber ausschließlich der Zierde des Mannes. Und auch der Zierde des männlichen Geschlechts — denn zu seinesgleichen, also zu vollwertigen Männern, ist man nicht Kavalier. Kavaliere stellt nur das starke Geschlecht, um sich vom schwachen deutlich abzugrenzen.

Ein kurzer historischer Abstecher soll uns allerdings zeigen, wie es um die Ritterlichkeit einst wirklich bestellt war. In seiner »Kulturgeschichte der Sexualität« [14] erzählt Gordon Rattray Taylor, daß die Ritter eigentlich nur »von dem einen Wunsch« beseelt waren: »einer ungeschützten Dame Gewalt anzutun«. Selbst das Musterbild aller Ritter, Gawain aus König Artus' Tafelrunde, entführte Gran de Lis trotz Tränen und Weigerung, mit ihm zu schlafen. Sein großer König war der Sage nach froh, als ein Ritter eine laut weinende Frau mit Gewalt aus dem Saal schleppte.

Und wenn den tapferen Rittern für ihren Beistand etwas geboten wurde, so war's auch nicht die Hand der schönen Königstochter, sondern deren Schoß. Erst, als die Rittermären christianisiert wurden, fielen die ursprünglichen Offerten pfäffischer Engherzigkeit zum Opfer.

Während der Ritterlichkeit einst also etwas zutiefst Menschliches anhaftete, hat sie heute den faden Beigeschmack weltlichen Weihrauchs. Dazu kommt, daß ihre Richtlinien dem jungen Mann just zu einem Zeitpunkt mit auf den Lebensweg gegeben werden, wo er dem anderen Geschlecht sowieso abhold ist: in der Pubertät nämlich.

Der Junge, der schon genug damit zu tun hat, durch die Veränderungen, die er durchzumachen hat, nicht allzu sehr zum Gespött der Weiber zu werden – Stimmwechsel und Pickel sind schließlich sichtbarer als das Einsetzen der Menstruation –, kriegt auch noch vorgesetzt, es sei seine verdammte Pflicht und Schuldigkeit, den Weibern insofern schön zu tun, als er sie fortwährend zu bedienen habe.

Weil nicht realisiert werden kann, daß sich das Kavaliersspielen einmal als Vorzug des eigenen, als Makel des anderen Geschlechts herausstellen wird, wird vom Jungen versucht, zu katalogisieren.

Mädchen brauchen mehr Schutz und Güte, also sind Mädchen schwächer, also sind Mädchen minderwertiger – und diese männliche Schlußrechnung, die spätestens beim Abdienen im jeweiligen Heer bestätigt wird (die »flotten Jungs« kriegen anscheinend immer nur dazu Urlaub, um »alle Weiber niederzureißen«), war ja auch der Zweck der Dressur.

Denn das sicherste Mittel, das weibliche Geschlecht innerhalb unserer Gesellschaft nicht hochkommen zu lassen, ist, es dem männlichen von klein auf verächtlich zu machen: Eben weil Mitleid für den adolzeszenten Mann ein Zeichen von Schwäche ist, eben weil es von ihm nur angewandt werden kann, wenn (er) sicher ist, daß es Objekte dieser Schwäche betrifft, eben weil ihm vorgegaukelt wird, mit Frauen müsse man eben Mitleid haben, fügt sich eins ins andere – kein

junger Mann zwischen 15 und 19 wird bezweifeln, daß Frauen halt Jammergestalten sind.
Doch die ersten Auswirkungen solcher Dressur setzen früher ein. Die fortgeschrittene Zivilisation macht möglich, daß heute schon die Elfjährigen wissen, was sie über Geschlechter zu wissen haben.
Frank und Claire Wesley erwähnen eine Umfrage unter Kindern, die ein bedrückendes Dokument der Dressur ist. Gefragt wurde: Welche Eigenschaften besitzt welches Geschlecht? Die Fünfjährigen schätzten Frauen noch als »sanft und lieb«, Männer als »stark« ein; ein relativ normales Ergebnis nach rein physiognomischen Gesichtspunkten, unbeleckt von Einflüssen.
Die Achtjährigen schieden bereits in Frauen, die »schwach«, ängstlich, dankbar, gütig« waren und in Männer, die sie für »unordentlich, mutig, grausam, ehrgeizig« hielten — was unserem Rollenverhältnis schon eher entspricht. Aber die Elfjährigen trafen ins Schwarze: Frauen, fanden sie, seien »leicht verzagt, vergeßlich, redselig», Männer hingegen »zuversichtlich, beständig, lustig«.
Wenn diese Einschätzung der Geschlechter auf mehr beruhte als auf dem Ergebnis angelernter Stereotypen, dann müßte eine wertfreie Selbsteinschätzung das Resultat dieses Tests in irgendeiner Weise reflektieren.
Sehen wir uns deshalb einen Test an, den die Pädagogin Rose Zeligs 1962 machte. Sie wollte die Einstellung Jugendlicher zu Problemen wie Streß, Gesundheit, Hobbys, Ernährung und Spiel untersuchen und ließ zu diesem Zweck 16jährige Fragebögen ausfüllen, die 37 Werturteile aufwiesen.
Der Auswertung der Fragebögen zufolge, schreiben die Wesleys, kam es zu leichten Geschlechts-Unterschieden bei der Abneigung gegen Unfälle und Operationen (eher Mädchen), Klavierunterricht und Opernbesuch (eher Jungen), aber nur in zwei Punkten gab es ebenso eindeutige wie überraschende Abneigungen.
Wenn man solchen Umfragen überhaupt Beweiskraft beimessen kann, dann scheint dadurch erwiesen, daß es tatsächlich etwas gibt, was überwiegend Mädchen, und etwas, das vornehmlich Jungen nicht wollen. Ich weiß nicht, worauf Sie — angesichts des zitierten Drei-Alters-Tests — tippen. Ich weiß nur, daß Sie daneben tippen.
Denn was die Mädchen nicht wollten, war: Milch trinken. Und was die Buben nicht wollten, war: Karotten essen.
Sollte Sie dieses Ergebnis zu einer originellen Antwort auf die Frage, »Warum sind Frauen mit Recht benachteiligt?«, inspirieren, dann schreiben Sie mir bitte.

James Bond trifft Eliza Doolittle

Den jungen Menschen, den die Erziehungsmerkmale unschwer in die Tiefen des Wilden Westens und in die Untiefen der Trivialkultur führten, erwartet in dem Lebensabschnitt, den beschauliche Gemüter gern die erste Reife nennen, die glühende Hitze tropischer Sonne. Denn es gilt nun, eine Fron zu leisten, die jener der berüchtigten Fremdenlegion um nichts nachsteht: Es gilt, Erfolg im Leben zu haben. Und wenn die Gesellschaft, die wir Männer uns schufen, »Erfolg« sagt, dann meint sie Erfolg in allen Belangen des Daseins – denn sie ist auf Erfolgszwang aufgebaut.

Gerechterweise trifft dieser Zwang nicht nur die Frauen, sondern auch die Männer. Ungerechterweise kann aber der Erfolg für Frauen immer nur ein begrenzter sein, für Männer hingegen ein unbegrenzter. Der Mann kann, in seiner Umgebung wenigstens, in irgendeiner Weise Erster werden. Der Frau bleibt es überlassen, sich dafür abzustrampeln, würdige Zweite zu werden.

Denn da Erfolg auch heißt, erfolgreich Mann sein oder erfolgreich Frau sein, dürfen sich beide nur in den ihnen vorgeschriebenen Bahnen bewegen: Diese sind so abgesteckt, daß dem Manne die schrankenlose Eroberung vorbehalten ist, der Frau aber die gänschenhafte Erwartung, erobert zu werden (oder dem Mann beim Erobern wenigstens zuzuschauen).

Der Erfolgszwang – nach Stereotypie und Nachahmungstrieb dritter Meilenstein der Großen Manipulation – beginnt zwar auch schon im zartesten Alter; die Mütter treten mit flammenden Wangen in den sinnlosen Wettbewerb ein, daß ihr Kind das erste ist, das »Mama« oder »Lulli« oder sonstwas nettes sagen kann, daß ihr Kind das erste ist, das gehen kann und so weiter; doch wirklich ausgebaut wird der Wettbewerb erst, wenn das dafür passende Objekt, das schon auf den inneren Pfiff hört, etwa achtzehn Jahre zählt.

Dann geht's los und gnade dem Gott, der die gängigen Götzen nicht mit gleicher Inbrunst anbeten will wie alle anderen: Spinner ist die zärtlichste Vokabel, die ihn umschmeicheln wird.
Denn ein Mann – um nicht zu sagen: der Mann – weiß, was dem Manne ziemt. Er weiß, daß für den Mann Charles Darwin das ist, was für den Knaben Karl May war: der Verfasser der Bibel. Und so ist auch das *survival of the fittest* immer noch höchstes Gebot. Ihm dient man am besten, indem man hart arbeitet, je mehr, desto besser. Für Arbeit gibt es einfach keine Obergrenze, und wer nur schuftet, ohne sich Erholung zu gönnen, ja, wer für die Arbeit lebt, der ist nicht etwa ein klinischer Fall, sondern ein Formel-I-Mann, ein Held unserer Zeit.
Zwar erlaubte sich (zitiert Harvey Kaye) der philosophische Schriftsteller Aldous Huxley vor Jahren schon das Ketzerwort: »Wie jeder vernünftige Mensch verabscheue ich Arbeit« – doch Huxley hatte ja wohl zur Genüge bewiesen, daß er nicht ganz ernst zu nehmen ist, oder? Der wahre Mann ignoriert derlei inkompetente Einwürfe: er hat schließlich anderes im Kopf. Zuallererst, Sie werden's schon erraten haben, die Karriere. Man muß es zu etwas bringen im Leben und »etwas« heißt: stattliches Bankkonto, Eigenheim, Weltreisen, luxuriöse Hobbies, wertvolle Sammlungen, aber auch Klubmitgliedschaften, Stammtischrunden, Aufsichtsratsposten, superbe Ehefrau, goldige Kinder, reihenweise Mädchenbekanntschaften.
Wer es zu nichts bringt, ist ein gräßlicher Versager, ein *dropout,* eine Null, die die Muttermilch nicht wert war.
Darüber hinaus – denn »dynamischer Aufsteiger« in einem »aufregenden *fulltime-job*« zu sein, genügt natürlich noch lang nicht, um ein richtiger Mann zu sein – muß der Mann selbstredend auch eine »Persönlichkeit« sein oder werden.
Er muß geradezu unwiderstehlichen Charme versprühen, er muß saufen können wie ein russischer Donkosak der ersten Stunde, er muß mutig und stets unerschrocken, selbstbewußt und unverzagt sein, er muß clever sein und Spezialist für alles.
Bildung ist nicht unbedingt seine Sparte, Information aber ist alles. Ihm müssen die Herzen oder zumindest die Körper begehrenswerter Frauen zuhauf zufliegen, was ihn nicht verlegen machen muß, denn einem Mann werden Seitensprünge ja verziehen.
Seine »Ausstrahlung« hat sogar dann nicht zu erlahmen, wenn er nach der elften Arbeitsstunde und dem dritten Flirt mit einer Sekretärin nächtens heimkommt, um seinen selbstverständlich entzückenden Kindern durchs Haar zu fahren.

Der Mann hat das uneingeschränkte Recht (jedoch auch die Pflicht bis zur Todesstunde), Erster zu sein. Er muß sein: der Platzhirsch, der Bulle unter den Ochsen, der Tiger unter den Schakalen. Und solang er sich nicht beim Golf eine Zehe abhaut, hat er auch alle Chancen, das zu werden, was man von ihm erwartet.

James Bond × Dean Martin × Tarzan – wobei getrost unter den Tisch fallen darf, daß letzterer auch in seiner besten Zeit fast immer auf die Hilfe von Affen oder Elefanten angewiesen war.

Sie werden vielleicht fragen, wie erreicht ein Mann das alles, wie schafft er das, daß er wirklich an den ganzen Mummenschanz glaubt? Harvey Kaye hat in seiner »Männerfrage« eine ganz gute Antwort auf die inneren Beweggründe des Mannes gegeben: Der Mann sieht sich als einsamen Wolf. Er ist, wie er glaubt, der letzte Unabhängige – Widersprüche werden ihm nicht bewußt (er lebt ja in einer Gesellschaft, die deshalb funktioniert, weil einer vom andern abhängig ist). Er aber sieht sich als letzten Mohikaner unter lauter degenerierten Huronen, er mißt sich an einem undeutlichen Ideal, das im späten 15. Jahrhundert (denken Sie an die Kernfamilie!) aufkam, am Ideal der breiten Schultern. Damals, schreibt Kaye, wurde es erstmals männlich-schick, sich die Schultern der Kleidungsstücke zu wattieren, damals wurde auch eine zweite Körperregion übermäßig hervorgehoben – es kam die deutlich auf eins hinzielende Latzhose auf, der sogenannte Windbeutel.

Das ist das zweite Stichwort: Der Mann weiß, warum er sich und der Gesellschaft sein herr-liches Betragen schuldig ist, denn er hat etwas, das (bisweilen buchstäblich) Goldes wert ist. Er kann das, was ihm vorn herunterhängt, aufrichten und in den Körper der Frau hineinstoßen. Und er kann dies selbstverständlich immer (Kaye). Ob auf der Zugspitze oder im Klo eines abstürzenden Flugzeugs, unser Mann ist ein Sexualathlet. Die Kurse mögen fallen, er steht immer.

Ein echter Mann, einer, der kein Duftwasser verwendet und schon zum Frühstück filterlose Zigaretten raucht, kann auch immer und überall befriedigen.

Bei ihm fällt jede Frau, ihm verfällt jede Frau, über ihn fällt jede Frau her – denn jedesmal hält das stärkste Glied seiner Gedankenkette, was er verspricht.

Impotenz fürchtet er wie der Seemann das Feuer: denn wer nicht kann, der hat schon und wird ausgezählt. Selbst wenn schon die zweite um ein paar Nummern zu groß sein sollte, es muß zumindest davon geträumt, es muß wenigstens darüber geredet werden können. Ran und rein heißt der Slogan für den Helden dieser Zeit. Und ein

Mann, der nicht einmal ein Held werden will, ist einfach nicht ernst zu nehmen.
Wir werden das Wesen und Wollen des Helden noch genauer untersuchen (im Kapitel »Das Mannsbild«), wenn wir gewisse psychologische Mechanismen kennengelernt haben werden, hier wollen wir nur auf eine zeitgenössische Spielart des Helden eingehen: auf den Playboy.
Der Playboy verbindet für den Mann den Nimbus des Nimrods mit den Annehmlichkeiten eines Whisytrinkers, dem eine halbnackte Siamesin kühle Luft zufächelt. Er ist dank seines herausragenden Status des Ungebundenen, Freien und zweifellos Erfolgreichen ein beneidenswertes Geschöpf. In den Vorstellungen der Nicht-Playboys vereinigt er zwei sensationelle Eigenschaften: Er hat alles, was ein Mann sich nur wünschen kann und braucht sich doch um nichts zu kümmern. Denn der Playboy hat es geschafft, der ewige große Junge zu bleiben – wie Kaye es ausdrückt, der »Puerile, der nie ganz fertig ist«.
Der Playboy ist ein respektiertes, toleriertes Wesen, das es verblüffend nachhaltig schafft, seine Anpassungsschwierigkeiten mit nachlässiger Verve zu überspielen.
Überspielen kann er für gewöhnlich auch seine absolute Teilnahmslosigkeit, wenn Sie wollen: seine Herzlosigkeit: Playboys leiden nicht – am Kummer anderer nehmen sie nicht teil, eigenem gehen sie aus dem Weg.
Und des Playboys größter Vorteil ist: Es ist nicht unerreichbar, einer zu werden, denn genau genommen ist er der Held von nebenan. Und wenn es statt der Seychellen nur Mallorca, statt des Lamborghini nur ein Audi 80 ist, statt der zwölf langbeinigen neunzehnjährigen Gespielinnen nur eine furunkulöse Endvierzigerin – beinahe ist alles dasselbe.
Aber was den Mann in den meisten Fällen davon abbringt, ein Playboy zu werden, das ist – Sie können's gar nicht verfehlen – immer die Frau.
Nicht mangelnde Fähigkeiten zu solcher Lebensführung oder mangelndes Geld sind schuld daran, daß einer statt des Geruchs des Abenteuers jenen von eingebranntem Spinat in der Nase hat, nicht mangelndes Mundwerk oder zu kleiner Egoismus, nein, die Frau, die sich an ihn gehängt hat, die ihn geschnappt hat. Ergo muß man es ihr, die einen »angebunden« hat, »heimzahlen«, nicht allzu selten ein Leben lang.
Der alternde Möchtesprung schielt in ihrer Gegenwart nach anderen

Frauen, läßt (wie Firestone beschreibt) im Freundeskreis kaum eine Gelegenheit aus, von sich zu geben, was die »dumme Kuh« doch für »ein Klotz am Bein« sei und scheut auch nicht einmal vor der ärgsten aller vorstellbaren Beleidigungen zurück. Wenn er im höchsten Zorn ist, versteigt er sich dazu, zu sagen, sie sei »eben doch nur eine Frau«. Schlimmer geht's wirklich nicht.

Denn was immer eine Frau – im gängigen Klischee – von sich auch halten mag, insgeheim hält sie sich doch für besser als die andern Frauen, insgeheim will sie als ihrer Klasse überlegen akzeptiert werden, insgeheim lechzt sie danach, zu hören, sie sei ja eigentlich »wie ein Mann«. Das nämlich ist (leider) das größte Kompliment, das man einer Frau heutzutage machen kann.

Die Frau weiß auch exakt, warum sie so empfindet: Denn wann immer sich der echte und richtige Mann dazu herabläßt, mit einer Frau eine engere Bindung einzugehen, als sie für die Stillung fleischlicher Bedürfnisse nötig ist, geschieht dies in ritueller Form.

James Bond trifft Eliza Doolittle. Sie genießt, er weiß es, in der Gesellschaft den Rang des minderbemittelten Blumenmädchens, das weder sich noch ihre Wünsche richtig artikulieren kann (und könnte sie's, nützte es ihr wenig). Sie weiß, daß sie nur an seiner Seite schaffen kann, das zu erreichen, was ihr die Gesellschaft als höchstes Glück zugedacht hat: erfolgreich Frau zu sein.

Darum beginnt sie nun einmal, all das atemlos zu bewundern, von dem sie annimmt, insgeheim bewundere auch er es (was bis zum Penis gehen kann).

Zwar schreibt Elizabeth Gould Davis, daß es die Männer sind, die die Muskelprotze im Ring bewundern, daß die Männer eine Vorliebe haben für harte, smarte Kinohelden und nicht, wie immer unterstellt, die Frauen. Doch ich glaube, daß der Fall um ein Eck komplizierter ist: Weil die Frau glaubt, daß der Mann harte Kinohelden goutiere, weil er selber gern so einer wäre, beginnt sie eine Vorliebe für derlei Kinohelden zu entwickeln, in die sie aber ihre Vorstellungen von ihrem Liebsten hineinprojiziert. Sie nimmt zwar sein Idol an, identifiziert es aber mit ihm.

Nur wenn es ihr gelingt, auf diese Art sein Wohlwollen zu erringen, ihm auf diese Art zu verstehen zu geben, daß sie nichts Böses (und das heißt beim Mann sehr oft: nichts Entlarvendes) im Schilde führt, hat sie eine Chance, die weibliche Erfolgsvariante in den Griff zu kriegen.

Und die sieht so aus: Die echte, die wahre Frau hat Erfolg im Leben, wenn sie Ehefrau ist. Wenn sie keinen Mann kriegen konnte, dann kann bei ihr etwas nicht stimmen; Junggesellen sind sind charmante Bestandteile unterhaltsamer Tischgesellschaften oder Parties; alleinstehende Frauen (»Junggesellinnen« hat sich bezeichnenderweise nie durchsetzen können) sind unerfreuliche Überbleibsel. Sie haben in ihrer wesentlichsten Aufgabe jämmerlich versagt, sie sind abnormal. Daraufhin muß die Frau Mutter werden: eine Frau ohne Kinder ist nicht akzeptabel, ist eine abgestandene Suppe und auch nicht ganz in Ordnung (denn schließlich, das wissen wir ja alle, liegt es an der Frau, wenn ein Ehepaar keine Kinder bekommt).

Ferner muß sie einen Mann haben, der Karriere macht: Einen Hinterbänkler, einen miesen Unterdurchschnittler aus der Masse der vielen grauen Mäuse hat eine Frau einfach nicht, die irgendwas auf sich hält. Und will der Mann nicht Karriere machen, so bringt sie ihn eben dazu — sonst heißt es, sie habe ihm daheim eine derartige Hölle bereitet, daß der Arme einfach nicht dazu in der Lage war, sich voll auf seinen Beruf zu konzentrieren. (Als vollkommen abwegig gilt, daß eine aktive, anschmiegsame Frau einen verklemmten Idioten geheiratet hat.)

Hand in Hand mit seiner Karriere gilt ihr Heim, das sie natürlich in ein kleines Paradies zu verwandeln hat, damit man überall die Hand der liebenden Frau merkt, als Prüfstein.

Sie hat, auch wenn sie noch nicht verehelicht ist, ein mehr oder weniger untadeliges und das heißt sexuell sparsames Leben zu führen. Zwar sind einigerorts die Sitten angeblich etwas lockerer, aber die wahre Frau ist keine Schlampe: Entweder wird sie eine Frau zum Ausprobieren oder eine Frau zum Heiraten.

Sobald sie verheiratet ist, sind Seitensprünge Sakrilege; einem Mann kann man zwar etwas Abwechslung nicht übelnehmen (man weiß ja, wie verzopft Frauen in dieser Hinsicht oft sind, und er will und kann zwar dauernd, aber sie hat immer Migräne), aber eine Frau kann sich klarerweise nicht dem erstbesten Burschen an den Hals werfen.

Sie hat nur einen im Auge zu haben — den aber gründlich. Denn sie ist dazu da, ihm jeden Wunsch von den Augen abzulesen, ihn zu verwöhnen, ihm die Lieblingsspeisen zu kochen, sie hat Anteil an seinem Beruf zu nehmen (ohne allzu inständig darauf zu beharren, selbst einen ergreifen zu dürfen, oder, wenn sie einen ausübt, hat sie ihn mit »ihren kleinen Sorgen« zu verschonen).

Sie hat samt und sonders zufrieden zu sein. Mehr noch: Sie hat sich darüber zu freuen, daß ihr Mann »eben ein Mann« ist, daß er »nicht so langweilig ist wie all die andern Männer«, sie hat stolz darauf zu sein, daß er so oft im Mittelpunkt steht.

Das bedeutet dechiffriert: Sie muß ihn mit unveränderbarem Lächeln anhimmeln, wenn er auf Parties mit andern Frauen in einer Weise flirtet, die früher einmal Ursache für ein bewaffnetes Treffen zwischen ihm und dem Begleiter dieser Dame anderntags um sechs Uhr früh im Park gewesen wäre; sie muß Gleichmut bewahren, wenn er mit Freunden die halbe Nacht ausgeht, wenn er in traulicher Runde angibt und prahlt; sie muß über seine banalsten Platitüden, über seine ältesten Wtize lachen und ihn noch dazu ermuntern, die Anekdote vom gegrillten Regenschirm zum 321. Mal zu erzählen; sie muß ihn, ohne dies später auch nur zu erwähnen, heimfahren, wenn er sternhagelvoll ist und sie muß auch – dies vor allem – seine Hobbies unterstützen, selbst wenn diese so beschaffen sind, daß ihre Ausübung seine Abwesenheit von daheim erfordern.
Sie muß sich abgewöhnen, zu fragen, wo er war und was er mit dem (gemeinsamen) Geld gemacht hat, sie muß sich sogar angewöhnen, fremdes Parfum zu überriechen und einschlägiges Gelalle seiner Kumpane, wenn sie blau sind, zu überhören.
Wenn sie all das nahtlos auszuführen bereit und imstande ist, hängt ihr die Gesellschaft widerwillig den Erfolgskranz mit einer weißen Schleife um, auf der steht: »Souveräne Zweite«.

Wenn Sie glauben, daß all das schablonenhafte Schwarzweiß-Malerei ist, dann achten Sie doch bitte einmal etwas feinfühliger auf die Mitteilungen, die Ihre Umwelt an Sie heranträgt. Versuchen Sie sich vorzustellen, was anhand dieser Mitteilungen »einer Frau unter 30« das Gefühl geben könnte, eine Frau zu sein.
Sollten Sie weder die Geduld noch die Zeit dafür aufbringen, eine eigene Analyse zu bewerkstelligen, dann möchte ich Ihnen, Sie werden es dank der Anführungszeichen erraten haben, den Auszug einer Analyse näherbringen, die Julius Fast (»Typisch Frau! Typisch Mann!«) zitiert.
Frauen unter 30 wurde die Frage gestellt, was ihnen das Gefühl gebe, eine Frau zu sein. Die vier bezeichnendsten Antworten waren: »Wenn ich auf einen Mann körperlich anziehend wirke.« – »Wenn ein Mann den Arm um mich legt.« – »Geschlechtsverkehr.« – »Die Erfahrung, daß ich einen Mann körperlich erregen kann.«
Eine Gesellschaft, in der sich Frauen eigenständiger entwickeln können, muß erst noch erfunden werden.

ER braucht seine Freiheit, obwohl SIE vorgewaschen hat

Das Gebiet, in das wir uns nun begeben, ist geistiges Jedermannsland: Jeder kennt es, jeder braucht es, manche geben sich dafür her, manche dafür hin. Es ist der Land-Strich der großen Informationsträger und Meinungsbildner unseres goldenen Zeitalters, das Revier von Presse, Fernsehen und Werbung.

Obgleich Sie sich darin gewiß heimisch fühlen, ist es doch einer genaueren Betrachtung wert. Denn so seicht, wie sie Ihnen auf den ersten Blick auf dem Bildschirm vorkommen mögen, sind die Hoheitsgewässer unserer Seh-Mächte gar nicht. Und so flach, wie Sie nach der ersten Schlagzeile glauben mögen, sind auch die ewigen Jagdgründe unserer Nachrichter nicht.

Ohne besondere Absprache haben sich Presse und Werbung zu einer Allianz zusammengetan, die ein gemeinsames Freundbild vereinigt: dem Manne ist die Erde untertan. Und was auf ihr kreucht und keucht, hat seinen Annehmlichkeiten zu dienen.

Die Position des Mannes festigt schon auf unauffällige Art das gute alte Kommunikationsmittel Sprache: »Hausherr« zum Beispiel weckt ganz andere Vorstellungen als »Hausfrau«. Das österreichische Fernsehen strahlte vor Jahren eine vorzügliche Sendereihe aus, die mit Recht »Männer und Mächte« hieß. Das amerikanische Nachrichtenmagazin »Time« wählt jährlich mit Recht den »Mann des Jahres«.

Als der »stern« 1978 die Frau des damaligen Bundespräsidenten, die engagierte Krebsfonds-Sprecherin Mildred Scheel, zur »Frau des Jahres« erkor, sammelte er höhnische Leserbriefe. Undenkbar also, daß Frauen ebenso interessant seien wie Männer; weil undenkbar ist, daß sie gleiche Interessen haben.

Daß es undenkbar ist, dafür sorgt die Werbung. Sie hat heute eine Macht, von der ein Dschingis Khan nicht einmal träumen konnte — und sie nützt sie, wie Dschingis Khan sie genützt hätte: Wer von ihr ereilt wird, wird kopflos. Von Rechts wegen sollte Werbung als Narkotikum, als Sehnsuchtgift, nur in Apotheken ausgegeben werden dürfen. Doch da sie soviel ausgibt, nimmt sie jeder ein. Sie malt allgegenwärtig und allumfassend ein Bild von der Rolle der Frau in unserer Gesellschaft, das zu wahr ist, um schön zu sein.

Ich weiß schon: Werbung ist ein Produkt von Leuten, die ein Produkt der Gesellschaft sind. Daher können, selbst wenn sie wollten, diese Leute nicht leicht über ihren — ebenso monetären wie moralischen — Schatten springen. Und Werbung ist Werbung für neue Erzeugnisse, nicht für neue Zustände. Daher muß, um das Neue des neuen Erzeugnisses gleich zwingend erkennbar werden zu lassen, alles andere, was gezeigt oder gesagt wird, alt und gut bekannt sein. Sie ist daher ein konservativer weil bewahrender Faktor der menschlichen Gesellschaft, dessen Fortschrittlichkeit allein darin besteht, die rasante Entwicklung in der Technik der Bekämpfung des Mundgeruchs drastisch vor Augen und Ohren zu führen.

So ungefähr argumentieren liberale Werbeleute. (Die weniger liberalen sind ehrlicher: »Wenn meine Zielgruppe beknackte Hausfrauen zwischen 40 und 55 sind, die den neuen Staubsauger haben wollen sollen, dann zeig ich eben eine fast so beknackte Hausfrau um 40, die den neuen Staubsauger schon hat und darum ihren Mann liebt, weil der den sauberen Teppich liebt.«)

Soviel Verständnis ich mir auch abzuringen versucht habe für die Probleme der Werbeleute — die fugenlose Präpotenz, mit der sie die Ware X an die Frau bringen möchten, um beide dem Mann schmackhaft zu machen (denn er ist der eigentliche Partner der Werbung, da er in der Regel das Geld hat) nimmt einem den Atem.

Aus (fast) allen Komponenten der Werbung setzt sich die Resultierende zusammen, daß die Frau das bequemste Nutztier des Mannes ist. Er hat ein Recht darauf, aus diesem seinem Leben soviel wie möglich herauszuholen. Er hat ein Recht auf Qualität. Das ist sein Status. Sie hat die Pflicht, seinen Anforderungen an Qualität zu entsprechen. Sie ist dazu da, um seine Bedürfnisse zu befriedigen. Das ist ihr status quo. Und an dem ist nicht zu rütteln.

Ehe Sie all das für unbewiesenes Gefasel eines besonders gut dressierten Mannes halten, schreite ich zu Beispielen aus dem Werbefunk; sie sind beliebig herausgegriffen und ließen sich beliebig ergänzen:

1. *Frauenstimme:* Wenn ich mir überlege, was meine Hände den ganzen Tag zu tun haben . . . da ist mein Kind, dann der Haushalt und mein Beruf. ». . .« garantiert meinen Händen, daß sie glatt und zart

bleiben . . .« (was, unausgesprochen, die Mehrbelastung der Frau elegant einschließt).
2. *Ein bulliger Mann, Typ Fernlastfahrer:* »Auf was i steh? [= was ich schätze] Auf die Großglockner Hochalpenstraße bei jedem Wetter, Bauernschmaus, Schwammerlsauce, Palatschinken hauchdünn, dem Radetzkymarsch, mei' Freundin Anni . . .« (Was einschließt, daß Frauen wie Süßspeise konsumiert werden können.)
3. Zwei Hausfrauen sprechen miteinander.
Erste: »Du, ich hab jetzt mehr Taschengeld!« (Nicht: mehr Geld.)
Zweite: »Wieso? Hat dein Mann eine Gehaltserhöhung bekommen?« (Klar also, woher das Geld kommt.)
Erste: »Nein. Aber ich kaufe Fleisch jetzt nur noch bei . . . Dort ist es einfach billiger.«
Variante dazu:
Eine Männerstimme raunt zuletzt: »Na? Hab ich nicht a gscheites Frauerl?« (Und sowas von herzig! Kann sich auch schon allein die Tür aufmachen!)
4. Szene im Bad. Die Tür geht auf, ein Mann kommt herein, nähert sich dem Waschbecken, greift zu einer Tube Zahnpasta, äugt in die Kamera und säuselt: »Guten Abend. Mein Name ist Dr. . . .« (Und dann beschreibt der Dr., wie er das lästige Zahnfleischbluten endlich weggekriegt hat.)
Wenn eine Zahnpasta hingegen von einer Frau unters Volk gebracht werden soll, dann geht das – ungefähr – so:
Erste Freundin: »Du, warum schaut mich denn der Karli nicht mehr an?«
Zweite: »Ich muß dir's jetzt sagen: du hast einfach Mundgeruch.«
Erste: »Aber was soll ich denn . . .« usf.
Zweite: »Nimm doch . . .« usf.
Schnitt. Erste Freundin mit Karli. Kuß. Sie in die Kamera: »Der Rat war wirklich gut. Jetzt . . .« usf.
Wenn eine Frau, sensationell genug, gar in einem Werbespot für eine Automarke eingesetzt wird, sieht das so aus:
5. *Frau* (sitzt im Auto): »Ich fühl mich wohl im neuen . . . – die Sitze sind so bequem.«
Schnitt. Frau steht neben dem Auto. Mit spitzen Fingern öffnet sie die Motorhaube: »Das ist der Motor. Ich versteh nix davon« (läßt die Haube zufallen, deutet ins Wageninnere, in dem nun ein Mann sitzt): »Aber der . . .«.
Worauf unser Vom-Motor-was-Versteher den technisch einfühlsamen Satz zu sagen hat: »Der . . . ist ein gutes Auto.«

Diese Beispiele sind, wie gesagt, nur einzelne Fälle, aber beileibe keine Einzelfälle: sie sind typisch (die Soziologen würden wohl sagen: Sie sind system-signifikant, weil sie systemimmanent sind).
Aber sie sind noch nicht alles, was die Werbung zu bieten hat, wenn's darum geht, der Frau den Kopf zurecht zu rücken — solange, bis ihr Gesicht auf die Küche gerichtet ist.
Da kommen kohortenweise die brennenden Probleme, die bekanntlich entstehen, wenn trotz des Vorwaschens (»Mit einem Kochwaschmittel???«) noch dubiose Flecken auf dem Hemd des Firmlings sind; die entstehen, wenn die junge Frau zum ersten Mal in ihrem Leben dem jungen Mann eine Suppe serviert, die dann natürlich aus dem Päckchen kommt (»Er hat's nicht gemerkt«, frohlockt das arme Luder in die Kamera); die entstehen, wenn eine Frau — pestilenzartiges Schandmal — »Körpergeruch« hat und sich fürchtet, weil Männer ja bekanntlich stets nach Veilchen duften, und weil sie ein Deo braucht, das ihr am besten gleich ein halbes Jahr lang »Sicherheit« gibt.
Dazu kommen die Saubermacher, der deutschen Seele liebste Garantie für keimfreie Zweisamkeit. Sie allein stellen sicher, daß eine Frau nicht gleich beim ersten Besuch der Freunde ihres Mannes fürs Leben disqualifiziert ist. Dazu kommen die beliebten Knabberprodukte, die sie vorrätig haben muß, wenn sie bei ihm nicht gleich unten durch sein will. Und dazu kommen die Küchen, die so phantastisch sind, daß sie ihm, der ihr eine dieser Küchen gekauft hat, dankbar sein muß bis ans Ende ihrer Tage.
Er ist der Größte und sie tut gut daran, sich dies einzuprägen. Denn er tut ja schließlich alles für sie — er geht sogar arbeiten —, aber: tut sie auch alles für ihn?
Genauer gefragt: Ist sie wirklich gut genug für ihn? Geht sie denn auch wirklich brav mit ihm Tennis spielen oder waldlaufen, wenn sie ihre Periode hat? Nimmt sie auch ständig den Tampon, der ihr die Verfügbarkeit ermöglicht? Erfüllt sie sein Ideal von einer Frau? Ist sie so schön und so frisch und so dankbar und so zärtlich wie die Frau in der Werbung? Benimmt sie sich so wie die Frau im Fernsehen? Fühlt und handelt — in Ausnahmefällen: denkt — sie so wie diese?
An dieser Stelle mischen sich die Geister. Denn hier wird, sorgsam suggerierend, zweierlei vermixt.
Erstens: Weil »die Werbung Schönheit postuliert« (S. Firestone), weil solche Schönheit aber unter der Masse der Frauen ebenso wenig in diesem klinisch reinen Ausmaß vorhanden ist wie unter der Masse der Männer, schafft sie ein latentes Schuldbewußtsein unter den Frauen. Dieses, schreibt Firestone, schafft latente »Demut«. Denn:

Die Frau merkt, »ich bin unvollkommen und er jagt mich trotzdem nicht davon«.
Zweitens: Da die Werbung die dargestellten Zustände stets als Ideal postuliert (weil sie im Idealzustand präsentiert werden), dieses Ideal aber in der Masse der Partnerbindungen (und der Haushalte) nicht existiert, rollt das Trauerspiel zum zweitenmal ab: »Ich habe keinen so blanken Fußboden und empfange ihn nie so zärtlich und er schickt mich trotzdem nicht zum Teufel.«
Und weil die Frau nicht so sein kann wie die Frau in der Werbung, weil ihre Umgebung nicht so ist (und auch gar nicht so sein kann) wie die Umgebung der Frau in der Werbung, versucht die Frau, sich wenigstens dieselben Wertvorstellungen zu eigen zu machen. Sie versucht, sich so zu benehmen, wie die Frau in der Werbung sich benimmt.
Vergegenwärtigen Sie sich bitte, daß dies der Punkt ist, an dem die Komödie der albernen Werbespots (die unsereinem früher gar nicht so aufgefallen sind, nicht wahr?) zur Tragödie der durchschnittlichen Frau wird.
Weil sie die Maßstäbe und die Ziele übernimmt, wird für sie die Werbung die Richtschnur ihres Verhaltens. Denn ihr bleibt, um in der Welt der Männer reüssieren zu können, nur eine mögliche Perfektion übrig: die Perfektion der Kopie. Dadurch aber wird für sie die Werbung zum wichtigsten Schiedsrichter in Glaubens-, Benehmens- und Existenz-Fragen.
Die Werbung bestimmt nicht nur, wie deren Vertreter herabspielend glauben machen wollen, die Kauf-Norm des täglichen Lebens. Sie bestimmt die Norm.
Sich gegen die stillschweigenden Forderungen der Werbung aufzulehnen, würde den Mut verlangen, sich gegen die Norm aufzulehnen; die Courage, sich für offenkundig Abnormes einzusetzen.
Da aber schon das Rückgrat unserer streßgeplagten Manager nicht stark genug ist, um Magengeschwür-fördernde Arbeitbedingungen abzuschaffen — wie sollen da die keineswegs so gut reputierten Frauen sich öffentlich für abartiges Gedankengut starkmachen?
Das Schlimmste aber ist: Die Werbetexter mögen ja zynisch sein — die Masse der Männer aber ist es keineswegs. Die Masse der Männer verinnerlicht wie die Masse der Frauen dieses Weibs-Bild. Die Masse der Männer glaubt ganz genauso, daß Frauen dazu da sind, die geschenkten sündteuren Küchen blitzblank zu putzen. Nur werden die Männer durch diesen Glauben nicht krank. Krank werden die Frauen. Dargestellt als an sich übelriechende, minderbemittelte Subjekte,

können sie Gott und ihrem Mann auf den Knien danken, wenn niemand bemerkt, wie rauh ihre Hände sind.

Es könnte natürlich eine Institution gebildet werden, die die Männer und die Frauen über solche Zusammenhänge informiert. Die den gutwilligen Männern klarmacht, was sie den Frauen da im Grunde antun. Und die böswilligen Männer mit einem allgemeinen Klima konfrontiert, das die Ausdehnung der Bösartigkeit wenigstens erschwert, wenn nicht unmöglich macht.
Man könnte, um eine prägnante Vokabel zu haben, diese Institution »Presse« nennen. Und das dazu passende optische Medium vielleicht »Fernsehen«.
Indes . . .
Sie kennen die Situation. Elizabeth Gould Davis schrieb: »In einem TV-Skript dürfen Albinos, Mongoloide und Kretins nicht herabgesetzt werden, wohl aber die Frau.«
Und tatsächlich scheint es, als wäre die Rolle(n) der Frau in der herkömmlichen Fernseh-Dramaturgie damit erschöpft, in Krimis entweder als Lustobjekt oder als Leiche herhalten zu müssen (meistens das andere nach dem einen), oder als tragische Alte oder unzuverlässige Zeugin auftreten zu dürfen, oder einfach da zu sein, damit der Kommissar seinen Monolog nicht ins Leere sprechen muß.
Damit einher geht die eindrucksvolle Position der Frau als Assistentin des Quizmasters, deren tertiäres Geschlechtsmerkmal eine zwitschernde Stimme zu sein hat; als Sprecherin, als Märchen- oder Turn-Tante, hie und da als Redakteurin in so obskuren Ressorts wie »Kultur« (die Kriegsberichterstattung im Sportgeschehen bleibt Männersache) und — selten — als Diskussionsleiterin ausgesprochener Gettosendungen.
Gescheite Frauen, die sich im Fernsehen äußern dürfen, sind fast nie dort angestellt, sondern werden als »Gäste« geholt — um das Exotische der Gehirnfunktion noch zu demonstrieren.
Die ältere Schwester Presse behandelt Frauen systemkonform. Nur eine von den drei größten Frauenzeitschriften der Bundesrepublik Deutschland hat eine Chefredakteuse, zwei werden nach wie vor — verantwortlich — von Männerhand redigiert. Kein Wunder, daß sogar von diesen Blättern jede Leserin das blaue Auge der Romantik verpaßt bekommt. Im kaum zu rodenden »Alles-für-Ihn«-Dickicht blühen die Schönheits-Seiten mit den Patentrezepten fürs Busenstraffen, als gelte es, Metastasen zu beseitigen. Da wuchern die Koch- und Kinder-Seiten in einer Art, die Bismarck nicht zuwider gewesen

wäre. Da gedeiht alles, was Mode ist, was Mode sein muß (dank des Sonnenstrahls Seines Wohlgefallens) zum ehernen Naturgesetz des Dschungels: Nur die schönste Frucht wird von Ihm gepflückt werden. Der Wortlaut dieses Gesetzes hört sich umso verwegener an, als er in krassem Gegensatz zu dem steht, was im Blätterwald der Männermagazine erschallt. Auch abgesehen von den Fotos nackter Frauen käme keine Männerzeitschrift über drei Ausgaben hinaus, würde sie ihren Lesern ein solches Selbst-Mißverständnis zumuten. Würde sie soviel Abhängigkeit vom anderen Geschlecht durchschimmern lassen. Aber immerhin haben die Frauenzeitschriften wenigstens Rudimente geschaffen, immerhin haben sie Rechtsberatungen für Frauen eingerichtet, haben sie Tabus wenigstens dann und wann gestreift, haben erwähnt, daß es einen »Hite-Report« gibt und haben schüchtern gefragt, ob der Beruf Hausfrau noch zu den Traumjobs gehört (auf die Art der Antwort kommen wir noch zu schreiben).
Und immerhin war es Frauen sogar möglich, das bravouröse Kampfmagazin »Emma« herauszubringen, das sich beharrlich mit Presse-»Paschas« anlegte und folgerichtig in einer Weise verfemt wurde, die pseudo-politischen Buntpapieren oder rechtsradikalen Blättern nie beschieden war.
Die allgemeine Presse aber tat und tut fast nichts dergleichen; die wenigen Ausnahmen fallen nicht ins Gewicht. Daß es in Tageszeitungen »Frauenseiten« gibt (aber keine »Männerseite«), ist ein so enthüllender Umstand, daß gar nicht erst auf den Inhalt solcher Seiten verwiesen werden muß: Der dort übliche Stil würde zumeist den Ansprüchen der Kinderbeilage nicht ganz genügen, dafür drängen sich die Themen (»Prämierte Blutwurst von einer Frau gemixt«) um einen beschämenden Kern.
Und wo die Frau von der armen Schluckerin des Lesefutters gar zum Gegenstand der Berichterstattung avanciert, hat sie — von Bilderwitzen und Nacktfotos abgesehen — nur die Wahl zwischen der Würde einer brünftigen Hirschkuh und der Seriosität eines lispelnden Amulettverkäufers.
Nicht nur von der Regenbogenpresse (auf die Journalisten anderer Erzeugnisse so gern herabschreiben) werden Frauen im wesentlichen als Zirkusattraktion präsentiert. Sie können, um ins Blattinnere vorzustoßen, Königinnen, Prinzessinnen, Terroristinnen oder rührende Skandalnudeln sein. Sie dürfen Ex-Präsidenten- (oder Ex-Kanzler-) Gemahlinnen sein, Sportlerinnen, Sängerinnen, Schauspielerinnen, Agentinnen oder Mütter von Fünflingen. Voraussetzung ist, daß sie sich den Regeln des journalistischen Interesses entsprechend verhal-

ten und irgend etwas getan haben (oder wenigstens ganz gut getan haben könnten), das den Pfiff des Perversen an sich hat.
Denn im Gegensatz zur Berichterstattung über Männer eignet der journalistischen Verarbeitung von Frauen der Grundsatz: Die ist eine Geschichte wert, denn sie ist keine normale Frau.
Normale Frauen interessieren nämlich nicht, ihnen ist selbst die Anmut besonders treuherzig blickender Hunde vorzuziehen. Und schon gar nicht haben Frauen im Rudel vorzukommen. Als Geschlechtsgemeinschaft sind sie für die Presse irrelevant: Was zählt, ist die Macht des Einzelschicksals.
Bedeutungsvoll ist nicht Bewußtseinsbildung, ist nicht die Schilderung eines Zustands, sondern die Garnierung eines Umstandes. Das Typische ist nicht wichtig, weil das Atypische so reizvoll gemacht wird.
Frauen im großen und ganzen sind bedenklich – der männliche Leser könnte den Argwohn fassen, er habe daheim kein glückliches Modell, sondern ein deprimiertes Stück Frau von der Stange.
Frauen als Meinungsträgerinnen sind gefährlich – der männliche Leser könnte den Eindruck gewinnen, er habe daheim eine sitzen, die am End' noch einmal den Mund auftun wolle.
Nur an Frauen mit sexuellem hautgout finden Redakteure regelmäßig Geschmack: Auge um Auge, Spalte um Spalte. Die Frau ist Volksbelustigung, Verzierstück und Verkehrsmittel: *Farce pro toto.*

Jägerlatein

Wie wir mittlerweile bemerkt haben, werden wohl viele Märchen erzählt, wenn's um Frauen geht, aber es gebricht ihnen — den Märchen, nicht den Frauen — an jenem Liebreiz, der die klassischen Märchen auszeichnet. Denn mit dem »es war einmal« läßt sich nicht viel ausrichten, weil ja alles noch so ist wie damals, als die Menschen vom wenigstens nur plump finsteren Mittelalter in die raffiniert düstere Neuzeit hinüberstolperten. Und auch der Schluß: »Und wenn sie nicht gestorben sind, dann leben sie noch heute« macht uns nicht recht glücklich, weil wir ja sehen, wie sie heute noch leben.

Wie anders sind da die Märchen über Männer! Die sorglosen Schnurren von den großen Blonden mit den breiten Schultern, die Geschichten von tausendundeiner Wacht am Lagerfeuer . . . das ist der Stoff, der uns in Träume wiegt.

Denn da gibt es doch tatsächlich Leute, die bezweifeln, daß der Mann immer schon der starke Führer war, daß er es war, der aus dem Affendas Menschengeschlecht habe heranwachsen lassen, daß er es war, der als großer Jäger der Urzeit die Menschheit vor dem Verhungern bewahrt hätte, und daß er es war, dem wir alle zu verdanken haben, daß wir aufrecht gehen und seßhaft wurden.

Um das Unglaubliche dieser Zweifel ins richtige Bild zu rücken, müssen wir — als geeichte Objekte der Großen Manipulation — zunächst rasch rekapitulieren, was wir über die Menschheitsgeschichte im allgemeinen und über die Rolle des Mannes darin im speziellen so wissen.

Man könnte sagen: nur Gutes. Bis vor wenigen Jahren — und auch heute noch in weiten Kreisen der Wissenschaft — stand völlig außer Zweifel,

— daß der Menschenaffe sich irgendwann aufrichtete, weil er klüger war als andere Affen;

– daß die Familie des Menschenaffen von dem lebte, was das männliche Mitglied heimbrachte;
– daß der Menschenaffe irgendwann dazu überging, Waffen und Werkzeuge zu benutzen – selbstverständlich der männliche Menschenaffe;
– daß ebendieser männliche Menschenaffe darauf drängte, daß seine Familie sich in Höhlen einquartierte;
– und daß der weibliche Menschenaffe peu a peu Brüste bekam, weil – Sie werden's sich bereits denken – der männliche Menschenaffe sowas einfach zur Entspannung brauchte.

Diese Erkenntnisse stützen sich nicht nur auf eine vielfache Dutzendschaft männlicher Gelehrter, die dem Manne das Primat unter den Primaten einräumt, sondern bewirken auch bis heute den festen Glauben, daß unsereins in der Urzeit den Pimmel auf Erden brachte und daß mann ja schon von dieser Zeit aus die eindeutige Überlegenheit des Mannes ableiten könne.

Selbst sogenannte große Geister gaben da klein bei. Friedrich Engels, den wir schon bei einem erstaunlich wahren Wort genommen haben, schwadronierte: »Der Erwerb war immer Sache des Mannes gewesen, die Mittel zum Erwerb von ihm produziert und sein Eigentum.«

Und der Gemahl der denkwürdigen Xanthippe, ein gewisser Sokrates, soll gesagt haben: »Der Mann ist unleugbar für die Geschäfte hervorgebracht, die außer Hause verrichtet werden müssen.« (zitiert nach Renate Stefan.)

Unleugbar. Vor allem, wenn's ums Verrichten ging. Da ging er außer Haus. Und produzierte was. Und das war dann sein Eigentum.

Wenn wir den Wissenschaftlern, die dies durch Jahrzehnte hindurch verbreitet haben, so zuhören, dann umfängt uns ein Schauer ob solch gewalt'ger Taten: denn damit steht doch felsenfest, daß das Emanzengewäsch reines Wunschdenken ist. Die Frau war und ist nun eben einmal Zweite.

Und wenn dieses Gerücht nicht bald gestorben ist, dann beben wir noch morgen. Denn immerhin stehen hinter diesen Aussagen nicht nur namenlose Anthropologen oder Verhaltensforscher, sondern auch Kapazitäten wie Robert Ardrey (u. a. »Adam kam aus Afrika«) und Desmond Morris (u. a. »Der nackte Affe«).

Dennoch behaupten ein paar Leute, daß alles anders war: Die Frau, sagen sie frech, sei an der Entwicklung der Menschheit mindestens so beteiligt gewesen wie der Mann.

An die Spitze dieser Widerstandsbewegung möchte ich die walisische Anthropologin Elaine Morgan [12] stellen. Sie hat in der einleuchtendsten der mir bekannten Abhandlungen dargelegt, warum es gar nicht so sein kann, wie die Anbeter Tarzans tun. Denn sie hat sich, im Gegensatz zu einigen ihrer Kollegen, nicht um die Kernfragen herumgedrückt.

Die etablierten Forscher haben uns wissen lassen, daß ausgerechnet wir, Abstämmlinge der Affen, uns dermaleinst aufgerichtet haben auf die beiden Hinterfüße, weil wir mit zwei Beinen besser und schneller rennen können als mit allen vieren.

Dies müßte konsequent bedeuten, daß jene Tiere, die gleichfalls auf zwei Beinen laufen, obwohl sie vier zur Verfügung haben, uns irgendwie artverwandt sind. Davon aber, fand Frau Morgan, gibt's in der ganzen Zoologie nur zwei Arten: das Känguruh und den Texasleguan. Affen hingegen bewegen sich vornehmlich auf vier Füßen und wenn sie wissen wollen, was es am Horizont der Steppe zu sehen gibt, dann richten sie sich auch nicht auf, sondern sie klettern auf einen Baum.

Auch eine zweite Säule der Entwicklungsgeschichte steht schief: Warum, so brüteten Gelehrte, wurde der Affe zum nackten Affen? Warum verlor er sein nützliches, wärmespeicherndes Fell zugunsten einer dünnen Haut?

Lange brüteten sie nicht, dann fanden sie das Ei des Darwin: Der Mensch wurde ein nackter Affe, weil er mehr und kontinuierlicher arbeitete als sein behaarter Onkel, weil seine rege körperliche Tätigkeit mehr Körperwärme produzierte. Und um ihn vor Überhitzung zu schützen, reduzierte Mutter Natur den Haarwuchs.

Und die längste Zeit fiel niemandem auf, daß Frauen weniger behaart sind als Männer. Was entweder bedeuten müßte, daß die böse Stiefmutter Natur just jenen Teil der nackten Affen benachteiligen wollte, der zur Erhaltung der Art auf alle Fälle nötig ist, oder, daß die Weibchen der nackten Affen mehr arbeiteten als die Männchen.

Oder die ganze Erklärung ist Blödsinn. Dies scheint Frau Morgan und ihren Sympathisanten am wahrscheinlichsten. Einer davon, der britische Meeresbiologe Sir Alister Hardy, entwickelte 1960 als erster die Theorie, daß der Menschenaffe irgendwann ins Wasser ging.

Um der Hypothese folgen zu können, müssen wir uns die Gegebenheiten der Urzeit vor Augen halten: Von etwa 40 bis 20 Millionen Jahre v. Chr. reichte die fruchtbare Zeit des Miozäns, dem, von 20 bis 8 Millionen, die heiße und trockene Dürre des Pliozäns folgte. In Anbetracht der verzehrenden Umstände, so behauptet Hardy, begab sich der fortgeschrittene Menschenaffe (Hominide) dorthin, wo es weniger heiß und trocken war: zum bzw. ins Wasser.

Am Meeresstrand war alles kleiner, furchtsamer und langsamer als er selber — in wohltuendem Gegensatz zu alten Feinden wie dem Leoparden. Dort fand er auch Krabben und Garnelen. Und Muscheln und Hummer. Doch diese beiden konnte er nicht essen, weil sie gepanzerte Schalen hatten. Bis unser Hominide bemerkte, daß in eben diesem Gebiet Dinge existierten, die sich trefflich dazu eigneten, die potentielle Nahrung Hummer und Muschel in reale Nahrung zu verwandeln. Dies waren Kieselsteine — sehr wahrscheinlich das erste Werkzeug der Welt.

Es ist nicht wenig darüber gestritten worden, wie es denn dem geistig nicht eben überragenden Hominiden gelungen sein mag, sich ein Werkzeug zu schaffen.

Morgans These überzeugt: Nur weil eben am Strand zwei Glückfälle vereint vorlagen, erstens, daß das Werkzeug in Hülle und Fülle vorhanden war, und zweitens, daß die Trefferquote in Bezug auf die Beute natürlicherweise hoch war, gelang es unseren schwerfälligen Altvorderen, sich daran zu gewöhnen, dieses Hilfsmittel regelmäßig zu verwenden.

Am Strand mochte es zwar Nahrung und Instrumente zur Beschaffung dieser Nahrung geben, Schutz vor der sengenden Hitze bot er aber nicht. Da mußte der Hominide schon hinein ins Wasser. Und das tat er denn auch — so, wie unsereins ins Wasser geht: aufrecht.

Millionen Jahre verbrachte er also am und im Wasser. Bei der zügigen Fortbewegung in diesem Element wäre ihm vermutlich nur eines hinderlich geworden: das dichte, wasseransaugende Fell. Also wurde er es los, also wurde er zum nackten Affen.

Wenn Sie diese Überlegung für hanebüchen halten, dann, rät Frau Morgan, strecken Sie bitte Ihren Daumen vom Zeigefinger ab und grübeln Sie darüber, wie man wohl den Ansatz dieses Haut-Teils nennen könnte, ohne ihn den Ansatz einer Schwimmhaut zu nennen.

Der Kahlschlag am Körper fand statt, am Kopf nicht. Dazu hat Sir Alister die Theorie, daß dieser Rest dem Schutz vor Sonne dienen mußte. Doch erklärt sie nicht, weshalb dann das Haar des Weibchens dichter ist und schneller wächst als das des Männchens.

Elaine Morgan meint, die Menschenfrau benötigte im unruhigen Element Wasser beide Arme, um sich über dieses zu halten; und ferner eine natürliche Einrichtung, an die sich ihr Menschenjunges klammern konnte.

Diese Einrichtung war das lange, dichte Haupthaar. Und die Einrichtung, die gestattete, daß das Baby einfacher und ungestörter zu seiner Nahrung kam, daß es, ungeachtet der Wellen und des Windes, ein Bestandteil der Art werden konnte, waren die Brüste: Erhaben und mit etwas weiter herabhängenden Zitzen ausgestattet, waren sie mühelos in der Lage, die Bedürfnisse des Nachwuchses zu stillen.

Gut, gut, könnten Sie einwerfen, in der Zeit der großen Dürre war also der Mann nicht der Dominierende, nicht der große Jäger. Aber was ist seither geschehen? Wir waren ja nicht immer im oder am Wasser. Hat nicht in der Zeit danach der Mann jene Rolle verkörpert, die ihm die Forscher immer schon zugeschrieben haben?

Ich glaube nicht. Die Funde jener Zeit — des Pleistozäns — und die sozialwissenschaftlichen Studien zum Verhalten der Ur-Gemeinschaften am Beispiel von solchen in diesem Jahrhundert noch existenten Gemeinschaften scheinen anderes zu beweisen.

Wenn der Jäger wirklich seine Blüte in dem Zeitraum erlebte, in dem der Mensch aufs Land zurückkehrte, dann teilte er sie kaum mit anderen Hominiden wie Weibchen und Kindern. Wir wissen, daß Jäger in Urgemeinschaften labil sind: Es kommt vor, daß sie eine Woche jagen gehen, dann zwei, drei Wochen nicht, und wenn sie eine Pechsträhne haben oder aus irgendwelchen magischen Gründen glauben, monatelang nicht jagen zu dürfen, dann muß die Frau einspringen.

So war's auch damals: Da, wie wir schon wissen, die Urfamilie nur aus Frauen und Kindern bestand, blieb es den Frauen überlassen, dem Familienverband Nahrung zu beschaffen.

Die Frauen organisierten Gruppen, die Getreide droschen, Korn zerstampften, erstmals Wolle kämmten, herausfanden, daß man Nahrung am besten kühl lagert, die das Weben erfanden und die Töpferei.

Für potentielle Antikommunisten gibt's ab jetzt ein Motiv mehr: Der russische Forscher P. N. Tretjakow fand heraus, daß es sich bei den Fingerabdrücken auf den frühesten Tonwaren um die Abdrücke weiblicher Hände gehandelt haben muß [12]. So kann Elizabeth Gould Davis durchaus berechtigt schreiben: »Es war die Frau, die die Alt- in die Neusteinzeit brachte.«

Daß es auch die Frau war, die in einem Aufwaschen auch noch die Sprache in Gang brachte, ist zwar umstritten, aber nicht vom Mund zu weisen: Denn die ältesten Wörter beziehen sich auf Tätigkeiten der Frauen, aufs Verarbeiten von Getreide, auf den Gebrauch des Feuers, aufs Abrichten von Tieren und aufs Weben.

Zu diesen für Männerfans wohl betrüblichen Tatsachen gesellt sich noch jene, die nachweist, daß der große Jäger eigentlich auch kein großer Jäger war. Und wenn er's war, dann hat er's der Nachwelt tunlichst verheimlichen können. Denn nach Funden aus dem Iran glaubt man zu wissen, daß ein erheblicher Teil des Essens in der Mittelsteinzeit aus Schnecken bestand. Und die ganze Speisekarte dürfte ungefähr so ausgesehen haben: Eier, Fische, Insekten, Schnekken, Wurzeln, Beeren, Früchte, Nüsse, Pilze, Knollen, Rinden – und hie und da Wildbret.

Das deckt sich mit Feststellungen über neuzeitliche Jäger- und Sammler-Gemeinschaften: Sechzig bis achtzig Prozent des Essens, schreibt Morgan, besteht zu sechzig bis achtzig Prozent aus pflanzlicher Nahrung.

Tja, vom Jäger ist nicht viel geblieben, aber – Dean Martin singt es – »a good, good lover is a bad, bad fighter« und wenigstens der Sex ist eine Sache, die der Mann erst in Rollen brachte. Oder?

Am Anfang war der Sex

Die Große Manipulation zielt nicht nur darauf ab, uns einzureden. der hauptsächlich schneckenessende Mann der Urzeit sei ein leidenschaftlicher Bärentöter gewesen, sie zielt auch unter die Gürtellinie. Denn sie besagt, daß der Sex in seiner heutigen Form entweder vom Mann initiiert oder zumindest seinetwegen erfunden worden sei. Sie besagt, daß der Sex von Angesicht zu Angesicht eine Angelegenheit des Menschen geworden sei, weil der zum Menschen reifende Menschenaffe diese Attraktion gebraucht hätte, um nicht fremdzugehen und seine Familie im Stich zu lassen. Deshalb hätten sich die Frauen auf den Rücken geworfen, was sonst kein anderes Tier tue (was nicht stimmt), deshalb wäre den Männern ein längerer Penis gewachsen als er sonst bei Affen üblich sei (was stimmt).
Die Ursache für die plötzliche Kehrtwendung der Frau, die auf einmal anstelle ihres gebeugten Hinterteils ihr verzücktes Gesicht feilbot, liegt angeblich in der unablässigen Sorge begründet, den »Familienerhalter« bei der Stange zu halten. Denn angeblich ruhten damals die Blicke aller Weiber verlangend auf uns, weil wir unterm Lendenschurz was Langläufiges trugen. Da hatte es eine einzelne Frau natürlich nicht leicht, ausgerechnet zu unserer Frau zu werden.
Wenn wir das von Elaine Morgan für die Männlichkeitsfanatiker verwendete Synonym einmal beibehalten, dann muß sich die Revolution so abgespielt haben:
Nachdem Tarzan wieder einmal gelangweilt einen Löwen erdrosselt hatte, sagte Jane: »Hör mal, mein Herrlicher, was hältst du von einem Schnellen vor dem Abendessen?« Tarzan antwortete: »Meinetwegen. Dreh dich um.«
»Nein«, versetzte Jane lächelnd, »eben deinetwegen nicht. Ich könnte mir vorstellen, daß es dir mehr Spaß macht, wenn wir uns dabei ansehen.«

»Ansehen?« staunte Tarzan und zog dem Löwen das Fell ab.
»Ja. Ich ... ich dachte, ich könnte mich dabei einmal auf den Rücken legen und du würdest dann ...«
An dieser Stelle wird der Film für gewöhnlich geschnitten, und wir erleben Tarzan, wie er anderntags fröhlich pfeifend mit einem Alligator um die Wette schwimmt. Denn wir erleben ihn nach der Premiere einer kulturhistorischen Sensation: nach *the first sex from face to face*.
Daß es so (und so begründet) war, scheint mittlerweile, trotz eifrigen Barrikadenbaues der Männerrechtler und ihrer studierten Handlanger, so gut wie ausgeschlossen. Denn um den Mann glücklich(er) zu machen, hätte die Frau sich nicht auf den Rücken werfen müssen: Es gibt keine Anzeichen dafür, daß der Orgasmus der anderen Primaten weniger intensiv ist als der des Menschenmannes (es gibt eher Anzeichen fürs Gegenteil). Und um den Mann treu(er) zu machen, wäre die große Umkehrung auch nicht nötig gewesen: Wie Frau Morgan berichtet, gibt es Affen – die Gibbons – deren Pärchen einander ein Leben lang treu bleiben, obgleich sie ein Leben lang a tergo koitieren.
Um eine wirklich stichhaltige Erklärung für den Beginn des neuen Sexzeitalters zu finden, müssen wir uns ans vorige Kapitel erinnern. Wenn wir die Hypothese, daß der Hominide sich vor der großen Hitze zum und ins Wasser flüchtete, akzeptieren, dann bekommen wir auch für das neuartige Sexualverhalten einen entscheidenden Hinweis von unserer walisischen Anthropologin: Alle Landsäugetiere üben den Geschlechtsverkehr von hinten aus, aber alle Wassersäuger von vorn. Und das ist auch des Penis Kern: Denn um zu der seitdem weiter innen gelegenen Vulva zu gelangen, mußte der Penis einfach länger werden. Mit Auserwähltheit der Rasse hat das nichts zu tun. Und wenn doch, dann mit der Auserwähltheit der Frau: Denn ihre Geschlechtsorgane waren es, die sich zuerst veränderten, die von Natur aus zuerst an eine weniger exponierte, an eine geschütztere Stelle verlegt wurden.
Die natürliche Verlängerung des Penis hat auch nichts mit dem Penis-Neid zu tun, denn mit der Bewunderung des Penis ist es im allgemeinen nicht weit her: Zwar berichtet Elaine Morgan, daß Mandrillweibchen beim Anblick des erigierten Penis des Partners in Ekstase geraten, aber damit stehen sie ziemlich allein.
Nach Claire und Frank Wesley hat eine Umfrage der New Yorker Zeitung »Village Voice« unter Frauen, »Was finden Sie an Männern sexy?«, ergeben, daß die meisten Frauen beim Mann ein kleines

Gesäß favorisierten. Nur zwei (2) Prozent nannten einen großen Penis.
Dennoch klammern sich an diesen Mast der Männlichkeit immer noch drei Phantasien:

— weil der Mann seit Urzeiten einen längeren Penis als vergleichbare Lebewesen besitzt, sei klar, daß er sexuell aktiver als diese und auch aktiver als das Weibchen sei;

— weil der Mann aktiver sei, seien auch die Frauen jeglichen Alters hinter ihm her;

— denn nur er mit seinem Penis garantiere der Frau eine wahre sexuelle Befriedigung.

Die erste Phantasie sollte, wie die Wesleys beschreiben, eigentlich seit neun Jahren geplatzt sein: damals wies nicht nur ein Großversuch an Ratten nach, daß Weibchen eminent sex-süchtiger sind als Männchen, damals wurde auch eine Studie unter Menschen gemacht, die nachwies, daß Frauen im ersten Jahr ihrer heterosexuellen Tätigkeiten etwa vierzigmal Geschlechtsverkehr haben, Männer nur zwanzigmal.
Die geringere Aktivität der jungen Männer widerlegt auch den zweiten Aberglauben: Michael Schofield schrieb 1965 in »The Sexual Behaviour of Young People«, daß »die ältere, verführerische Frau, die Jünglinge schnappt, entweder Fiktion (ist) oder keinen Erfolg hat.« Denn, so heißt es im »Rollendiktat«, wohl haben zwei Drittel aller Frauen ihre ersten sexuellen Erfahrungen mit erwachsenen Männern — aber nur zwei Prozent aller Jünglinge haben diese mit erwachsenen Frauen.
Womit wir, mit allmählich eingezogenem Zauberstab, zur letzten Legende kommen: zur Rolle des Mannes beim weiblichen Orgasmus. Wobei ich mich vorläufig auf den anthropologischen Aspekt beschränken und den weitaus größeren Rest im Kapitel »Was Sie schon immer über Sex wußten« untersuchen möchte.
Daß Frauen einen Orgasmus haben können, hat sich allmählich herumgeschrieben. Weniger einhellig waren jedoch bisher die Antworten auf zwei Fragen: Wozu hat die Frau ihren Orgasmus und wie hat die Frau ihren Orgasmus?
Die erste Frage ist weniger zynisch gemeint als sie klingt, denn der Zweck des männlichen Orgasmus ist klar: die Fortpflanzung. Wenn der Mann etwas dafür tut, daß seine Spezies nicht ausstirbt, wird er dafür mit einem unvergleichlichen Lustgefühl belohnt. (Daß sich dies auch beim Onanieren einstellt, ist — aus religiöser Sicht — eine Tücke der Natur.)
Nun ist aber der Akt der Fortpflanzung, wir wissen es seit langem,

nicht unbedingt Anlaß für einen Orgasmus der Frau: Auch eine Mutter von zehn Kindern mag lebenslang keinen haben. Das bedeutet biologisch, daß der weibliche Orgasmus keineswegs mit der Fortpflanzung in unmittelbarem Zusammenhang steht. Er dient dieser also nicht wie der des Mannes. Nach allem, was wir wissen, scheint er wundersamerweise nur einem zu dienen: der Lust der Frau.
Obgleich dies eventuell eine bittere Benachteiligung des Mannes bedeutete, müssen wir's mit Fassung tragen: Die Natur hat die Frau nicht nur so ausgestattet, daß sie mehr und intensivere Orgasmen haben kann als der Mann, sondern zugleich auch so, daß ihr Orgasmus nur ihr allein zugute kommt. In diesem Sinn (zumindest) ist sie das eindeutig bevorzugte Lebewesen.
Und weil sie schon bevorzugt ist, hat sie auch zwei Arten des Orgasmus in petto: den klitoralen und den vaginalen. Die leidige Frage, welcher davon echt und welcher suggeriert ist, welcher — wenn es beide gibt — davon stärker oder schöner ist und welcher zuerst da war, hat ein Heer von Sexologen mobilisiert und eine Lawine von Daten aller Art ausgelöst.
Hier soll zu dem großen Urstreit nur eine Überlegung festgehalten werden. Elaine Morgan hat sich Gedanken darüber gemacht, ob die Wendung vom rückseitigen zum bauchseitigen (vom dorsalen zum ventralen) Geschlechtsverkehr irgendwelche sexuelle Folgen für die Frau hatte. Es konnte doch, sagte sie sich, für ein ganzes Geschlecht nicht dasselbe sein, ob es von hinten oder von vorn angesprungen wurde.
Es war auch nicht dasselbe. Untersuchungen vieler Paare während des Akts ergaben, daß die Frau so gut wie immer zum Orgasmus kam, wenn das Glied des Mannes ihre Vagina ventral, also an der Bauchseite, rieb. Dies ist mit Sicherheit dann der Fall, wenn es a tergo eingeführt wird, dann aber nicht, wenn es von vorn so eingeführt wird, daß der Mann auf der ihm zugekehrten Frau liegt — dann reibt es nämlich dorsal, das heißt, an der Rückenseite.
Wenn diese rein physische Gleichung stimmt, würde sie vieles erklären. Sie würde erklären, daß und warum die Häufigkeit des vaginalen Orgasmus abgenommen hat. Sie würde wohl in weiterer Folge erklären, warum die Frau eine Klitoris (bekommen) hat: Weil die Natur gerecht ist, hat sie sich etwas für den die Erhaltung der Art garantierenden Teil einfallen lassen. Sie hat die Frau mit einem neuen, zusätzlichen Lustspender ausgestattet. Mit einem hochgradig erregbaren, feinnervigen Instrument. In dem Maße, in dem die Fähigkeit zu vaginalem Orgasmus zurückging, wurde die Klitoris zusätz-

lich ausgebildet. Und von den Männern, wie manches andere, zusätzlich verdrängt. Weil zwei Drittel aller Männer den Begriff »klitorale Stimulierung« für eine Vokabel aus der Raketentechnik halten und glauben, es genüge, das Glied in die Scheide zu stecken, bleiben zwei Drittel aller Frauen vom Geschlechtsverkehr unbefriedigt. Daher war der Anfang der neuen Art, Sex zu machen, nicht der Anfang männlichen Glanzes, sondern der Anfang weiblicher Wehmut.

Denn der nackte Affe hat, glaube ich, seither nichts dazu gelernt. Er hat sogar noch was verloren: seine ursprüngliche Robustheit. In der ständigen Hektik, anderen und vor allem sich beweisen zu müssen, daß er zum starken Geschlecht zählt, handelte er sich allerlei Gebrechen ein und wurde, was er zu verheimlichen sucht: Das schwache Geschlecht.

Schwaches vom Starken

Es gibt noch immer keinen eindeutigen Beweis dafür, daß der Mann minderwertiger ist als die Frau. Aber sein Geschlecht das starke zu nennen, ist schwarzer Humor. Oder Notwehrüberschreitung. Denn wenn Sie das bißchen Mehr an Körperkraft einmal außer acht lassen — was umso berechtigter ist, als der Mensch ja in erster Linie weder Pack-Esel noch Zugmaschine ist —, dann bleibt nichts übrig, was die Bezeichnung »stark« oder gar »stärker« auch nur mühsam rechtfertigte.

Weder physisch noch psychisch gibt es einen Bereich, in dem der Mann besser abschnitte als die Frau. Dagegen gibt es viele, in denen er schlechter abschneidet.

Die folgende Zusammenstellung seiner relativen Schwächen erhebt keinen Anspruch auf Vollständigkeit, sondern umfaßt bloß die eindruckvollsten und relevantesten Mankos. Im übrigen dient sie nicht dem Ziel, den Begriff Männlichkeit herabzusetzen, sondern sie soll Ihnen anschaulich zeigen, daß Selbstbescheidung wenigstens in diesem Fall keine Frage der Moral, sondern eine Frage der Fakten ist. Denn, da gibt's nicht viel herumzudeuteln, das schwächere Geschlecht sind wir.

Unsere Nachteile beginnen schon, ehe wir geboren werden. Im Mutterschoß sterben zwölf Prozent mehr Jungen als Mädchen.

Um 25 Prozent mehr Jungen als Mädchen kommen zu früh auf die Welt, und ebenfalls ein Viertel mehr Jungen als Mädchen erleiden Geburtsschäden.

Die Zahl der Fehlgeburten männlicher Fötusse ist höher als die weiblicher.

Autismus (Kinder-Schizophrenie), Bettnässen, Stottern Hyper-Aktivität und Legasthenie sind bei Jungen etwa fünfmal so häufig wie bei Mädchen.

Männer haben häufiger Hasenscharten als Frauen und häufiger Fehler in der Speiseröhrenstruktur.
Die Lebenserwartung des Mannes liegt etwa 7,4 Prozent unter jener der Frau. Eine andere Quelle [15] besagt, daß Frauen um etwa acht Jahre länger leben als Männer. Wobei die häufig dafür ins Treffen geführte Behauptung, daran sei der Streß schuld, dem Männer ungleich stärker ausgesetzt seien als Frauen, ins Leere geht: Als die Lebenserwartungsquote von 9000 Klosterbewohnern untersucht wurde, konnte festgestellt werden, daß Mönche um acht Jahre kürzer leben als Nonnen (obwohl sie dem Streß sicher gleich gering ausgesetzt sind).
Männer haben außerdem auch generell eine höhere Sterblichkeitsziffer als Frauen. In der ersten Lebenswoche sind die Chancen der Männer, zu sterben, um 32 Prozent größer als die der Frau. Von 1000 Jungen sterben im ersten Lebensjahr 21,3 — von 1000 Mädchen im gleichen Zeitraum 16,3. (Eine Studie des Wiener Hirnforschers Dr. Andreas Rett ergab, berichtet das österreichische Nachrichtenmagazin »profil«, daß im ersten Lebensjahr auf 100 verstorbene Mädchen 135 verstorbene Jungen kommen — und daß diese Sterblichkeits-Verhältnisziffer bis zum 40. Lebensjahr konstant bleibt.)
Im Kindergarten und in der Volksschule zeigt sich, daß Jungen mehr an Sprech- und Lese-Störungen leiden als Mädchen.
Das Verhältnis von Lern- und Lese-Schwierigkeiten zwischen Jungen und Mädchen beziffert Dr. Rett mit 204 zu 100.
Mädchen können im Schnitt bis zum 18. Lebensjahr deutlich besser artikulieren (dann entscheidet der weitere Bildungs-, beziehungsweise Berufsweg) und reagieren sowohl intellektuell wie emotionell schneller.
Ihr Seelenleben scheint zudem stabiler zu sein: Schulversuche in Schweden ergaben, daß Mädchen gern Symbole malten, zeichneten oder bauten, die auf innere Harmonie schließen ließen. Die Knabenseele schien von Angst beherrscht: Überwiegend wurden Symbole geschaffen, die Unfälle oder Ruinen bezeichnen konnten.
Tatsächlich hat der Mann auch gleich um 300 Prozent bessere Aussichten, durch Mord oder Selbstmord ins Jenseits zu kommen. Obgleich er, statistisch gesehen, ein gewaltsames Ende gar nicht nötig hätte, um früher ins Gras zu beißen als die Frau: Denn Männer erkranken häufiger an Blutkrebs und Lungenkrebs, an Hirntumoren und Magenkrebs als Frauen; insgesamt gibt es vierzig Prozent mehr krebskranke Männer als krebskranke Frauen.
Dazu kommen noch drei variabel exklusive Eigenschaften:

— Nur Männer können die Bluterkrankheit haben;
— bei Männern ist die Farbenblindheit zwanzigmal so häufig wie bei Frauen;
— viermal soviel Männer wie Frauen sind Alkoholiker.

Die Sterbe-Chancen des Mannes sind durch nichts zu überbieten.
Beim Mann beginnt die Arteriosklerose (die Verhärtung der Arterien) ab dem zwanzigsten Lebensjahr, bei der Frau nicht vor dem vierzigsten.
Zwischen dem 45. und 65. Lebensjahr sterben dreimal soviel Männer als Frauen an Herzkrankheiten.
Psychisch geht's uns nicht viel besser.
Der Mann ist für Neurosen dreimal anfälliger als die Frau (O Sigmund!) und fünf- bis zehnmal so gefährdet, ein Psychopath zu werden.
Auch die so gern den Frauen nachgesagte Hysterie ist eine männliche Domäne: Hysterisch sind etwa siebenmal soviel Männer wie Frauen.
Diese durchstehen auch besser Krisenzeiten: Nach dem Zweiten Weltkrieg, schreibt Gould-Davis, war das Verhältnis bei psychiatrischen Fällen infolge übermäßiger psychischer Belastung von Mann zu Frau 20 zu 1.

Die logische Folgerung, die aus der Kenntnis solcher Tatsachen gewonnen werden kann, ist die, daß es für den sichtlich schwachen Mann gut wäre, sich an die sichtlich starke Frau zu klammern.
Und obgleich nur wenige Männer es zugeben würden — genau das geschieht auch. Untersuchungen haben ergeben, daß ledige Männer sich dem Leben schlechter anpassen können als ledige Frauen und daß die Männer dies zu spüren scheinen: Dreiviertel aller Männer (berichtet das deutsche Nachrichtenmagazin »Der Spiegel«, die sich scheiden ließen, heiraten wieder, aber nur zwei Drittel aller geschiedenen Frauen.
Wobei beachtenswert ist, daß die zweiten Frauen häufig weitaus aktiver sind als die ersten — diese Wahl der Männer scheint eine Folge des Überlebenstriebs zu sein, denn aktive, selbst-verständliche Frauen behüten den Mann vor der Dauerrolle, den Helden spielen zu müssen, was ihm, ab 35, ohnehin nur Magen- und Darmgeschwüre sowie Kreislaufschäden und Herzinfarkte beschert.
Sollten Sie nun angesichts des männlichen Scherbenhaufens Ihren Kummer über unser schwaches Geschlecht mit einem Schnaps wegspülen wollen, dann sollte Ihnen bewußt sein, daß wir Männer auch in dieser, lang verhätschelten Disziplin Zweiter sind.

Sie haben sich nicht verlesen: Frauen vertragen mehr Alkohol. Das ist zwar eine noch nicht mit letzter Exaktheit bewiesene These – die Harvey E. Kaye erwähnt –, aber verglichen mit den kühnen Aussagen der männlichkeitsfixierten -Ologen aller Art ist sie überaus zulässig.
Sie besagt, daß jeder Äthyl-Alkohol vom Körper in Acetaldehyd umgewandelt wird. Je weniger der Alkohol vom Organismus akzeptiert, verarbeitet, also »vertragen« wird, desto mehr davon schlägt sich in Acetaldehyd nieder. Und Untersuchungen an Mäusen haben ergeben, daß der Atem von alkoholisierten Mäuserichen mehr Acetaldehyd enthält als der von weiblichen Mäusen.
Doch nach der Zerstörung dieser letzten Männerbastion beenden wir hastig dieses Kapitel.

Psycho

Psychoanalyse ist ein Racheakt.
Karl Kraus

Wie gültig dieser Satz bleiben wird, konnte nicht einmal sein Verfasser ahnen – wie hätte er auch voraussehen sollen, daß die Seelenforschung noch Jahrzehnte nach seinem Tod als Beweis dafür herhalten muß, daß die Frau minderwertiger ist als der Mann.
Sie ist nicht die einzige Wissenschaft, die sich Männer beigebogen haben, um auf odiose Art nachzuweisen, daß sie die Auserwählten sind und Frauen bloß schlampig gebastelte Ableger, aber sie hat den nachhaltigsten Eindruck auf männliches Denken gemacht. Denn mit ihrer Hilfe war und ist es endlich möglich, Frauen wissenschaftlich verachten zu können.
Kein Versprecher, ohne daß nicht ein Halbgebildeter sofort »Freudsche Fehlleistung« plärrt, kein weibliches Wort, ohne daß nicht sogleich irgendein Banause »Penisneid« zischte: Das Reich des Ichs und Über-Ichs wurde zum Schlaraffenland für Troglodyten.
Dem Wiener Genie Karl Kraus war die Psychoanalyse ein Dorn im Auge. Mit vielen Aphorismen hat er sie verspottet (»Psychoanalyse ist jene Geisteskrankheit, für deren Therapie sie sich hält«, etc.), und obgleich seine Attacken dank ihrer kompromißlosen Ablehnung vielleicht ein wenig übers Ziel hinausschießen, ist es ein epochales Verdienst, der erste gewesen zu sein, der überhaupt wagte, die Seelenforschung in Frage zu stellen. Er war der erste und in seiner Zeit der einzige, der nicht geblendet war von jenem Sonnenstrahl, der vorgab, selbst die finstersten Winkel der Seele ausleuchten zu können. Erst vierzig, fünfzig Jahre später wurden andere kritische Stimmen laut, die zaghaft piepsten, es sei nicht alles Gold, was Analytiker so sagten.
Diese Kritiker blieben jedoch bis heute in der Minderheit, woran ein Umstand schuld trägt, den Karl Kraus schon 1934 prophetisch erfaßt hat. Juliet Mitchell [11] zitiert: »Man darf vermuten, daß die Psycho-

analyse unvermindert starken Einfluß auf die Amerikaner ausübt, die an allem Interesse nehmen, was ihnen selber fehlt, z. B. Antiquitäten und ein Innenleben.«

Diesen Angriff haben die Amerikaner sich redlich verdient. Denn ihre jahrzehntelange vorbehaltlose Anbetung der Lehre Sigmund Freuds, ihr jahrzehntelanger sektiererhafter Puritanismus haben erst die »gelehrte« Diffamierung der Frau möglich gemacht.

Wären sie nicht so widerstandslos dem Rausch von Psychologie, Psychotherapie und Psychoanalyse erlegen, hätten sich die Freudianer nicht so hemmungslos austoben können, der größeren Hälfte der Menschheit wäre viel erspart geblieben.

Dabei ist Psychoanalyse nicht nur der Stiefel, mit dem man Frauen tritt, sondern auch ein Hemmschuh: Solange teilweise mißverstandene, teilweise widerlegte Begriffe in aller Männermunde sein werden, solange werden Männer nicht begreifen, daß der Wahn, den Mann für das höherwertige Wesen zu halten, sie daran hindert, hochwertige Wesen zu werden.

Ein kranker Teil unserer Gesellschaft gaukelt dem Mann vor, des Mannes Herrschaft sei gesund, denn gesund sei, was natürlich sei und natürlich seien doch wohl die spontanen Vorgänge in der menschlichen Seele. Und diese seien doch wohl zur Genüge erforscht.

Womit die Große Manipulation wieder einmal ihren Lauf nimmt. Denn indem die Autorität der Großmeister der Psychoanalyse stillschweigend jeder Diskussion entrückt wird, erfahren ihre Lehren die Ernennung zu Naturgesetzen. Eben das sind die Erkenntnisse der Psychoanalyse aber nicht.

Die Theorien, die den meisten Einfluß auf den Rang der Frau in unserer Gesellschaft hatten, waren jene Sigmund Freuds und in zweiter Linie die seiner Jünger Melanie Klein und Ernest Jones.

Wenn man die Vormachtstellung der Freudschen Lehre betrachtet, könnte man zu dem Schluß kommen, außer ihm hat es keinen anderen Analytiker mehr gegeben; es gab aber auch noch andere und es gab zumindest noch einen, der sich sehr intensiv der Rolle der Frau, mit Familie, Sexualität und Ökonomie beschäftigt hat. Das war Wilhelm Reich.

Interessant finde ich, daß Reich in dem Maße in die Versenkung hinuntergelassen wurde, in dem Freud hochgejubelt wurde. Das hat seinen Grund: Denn anders als Freud hat sich Reich nicht mit den Stärken oder Schwächen der Frau, sondern mit den Stärken oder Schwächen der Gesellschaft auseinandergesetzt.

Mit Reich konnten und können Männerrechtler daher nicht viel Staat machen — folgerichtig wurde er zunächst einmal totgeschwiegen. Als die amerikanischen Feministinnen Reichs Werke in den 60er Jahren ausgruben und seine Thesen publik machten (weil viele davon, wie wir noch sehen werden, ihnen zupasse kamen), wurde von den Männern zuerst einmal mit gefurchter Stirn darauf hingewiesen, daß Reich Marxist war — was immer genügte, um seine Ansichten dem Gros der amerikanischen Bevölkerung suspekt zu machen.

Nun ist Reich ohne Zweifel radikal (und Strindbergs Verteufelung der Familie verglichen mit seiner geradezu Schmeichelei), aber ohne Zweifel hellsichtig: Was er über's Patriarchat schrieb, hätte Alice Schwarzer nicht schärfer formulieren können — weshalb er denn auch totgeschwiegen wurde.

Doch ehe wir uns mit seinen Thesen beschäftigen, müssen wir uns mit Freuds Theorie auseinandersetzen. Ihnen sind im wesentlichen zwei Punkte gemeinsam:

- Sie halten neueren Erkenntnissen in entscheidenden Details häufig nicht stand — oder sie sind bis außerordentlich umstritten.
- Sie sind in entscheidenden Details häufig nicht ganz so, wie ihre Anhänger glauben (machen möchten).

An dieser Stelle scheint mir ein Einschub unerläßlich: Als Laie, der ich bin, habe ich versucht, diesem Thema mit größter Vorsicht zu begegnen. Infolge seiner Vielfalt und Verästelung kann ich mich für die Qualität der Auslese, die ich getroffen habe (und treffen mußte), in keiner Weise verbürgen. Doch daß jenes Maß an Unseriosität, welches dem ganzen Buch eignet, hier nicht überschritten wurde, dafür verbürge ich mich.

Um die frauenbezüglichen Details der Freudschen Lehre zusammenzufassen, möchte ich zunächst wüst vereinfachen. Freud behauptete, daß Frauen in vielen Belangen minderwertiger wären als Männer. Sie seien hysterischer. Neurotischer. Eitler. Eifersüchtiger. Primitiver. Egoistischer. Asozialer. Unfähiger, zu lieben.

Dies alles wären sie aus gutem Grund. Sie hätten keinen Penis. Aber sie hätten gerne einen. Und deshalb hätten sie erstens einen Penisneid, zweitens einen Penisneid und drittens auch noch einen Penisneid.

Dieser allgegenwärtige Neid mache die Frauen verrückt. Und deshalb seien sie eben auch verrückt. Ihre Verrücktheit äußere sich zumindest in den oben genannten Eigenschaften, die samt und sonders »feminine« Eigenschaften seien.

Väterchen Freud hat das Ganze, in vielen Arbeiten verstreut, vielleicht um ein Härchen intellektueller formuliert, und um Ihre Neu-

gierde zu befriedigen, wie wohl ein Experte seine Lehre exzerpieren würde, möchte ich auszugsweise eine Expertin zitieren.
Anita Albus schreibt in »Neue psychoanalytische Theorien der weiblichen Sexualität« in dem Buch »Maskulin – Feminin«:
»Das kleine Mädchen ist eigentlich ein kleiner Mann, die Klitoris ist das dem Penis homologe Organ, das Liebesobjekt des Mädchens und des Knabens ist die Mutter.
Das Mädchen wendet sich von der Mutter ab:

1. weil die Mutter ihr nicht genügend Milch (= Liebe) gegeben hat,
2. aus Eifersucht auf andere Geschwister,
3. infolge des mütterlichen Onanierverbots,
4. weil das Mädchen die Mutter für seinen Penismangel verantwortlich macht, nachdem der Anblick des Genitales des andren Geschlechts den Kastrationskomplex eröffnet hat.«

Freud im Original: »Durch den Vergleich mit dem soviel besser ausgestatteten Knaben in seiner Selbstliebe gekränkt, verzichtet es auf masturbatorische Selbstbefriedigung an der Klitoris und verdrängt dabei nicht selten ein Stück seiner Sexualbestrebungen überhaupt.«
Nochmals Freud: »Der Penisneid des Mädchens wird auch im günstigsten Fall nicht ohne schweren psychischen Aufwand überwunden.« Im günstigsten Fall. Naja.
Frau Albus resümiert: »Das Mädchen erwartet vom Vater den Penis, den die Mutter ihr nicht gab. Dieser Wunsch verwandelt sich in die Sehnsucht nach einem Kind vom Vater. So bildet sich die weibliche Sexualität fortwährend als Funktion phallischer Merkmale heraus.«
Entgegengesetzt den Erkenntnissen des Knaben, der aus Angst, vom Vater kastriert zu werden, den Gedanken, mit der Mutter zu schlafen, aufgibt (Ödipuskomplex), bereitet der Kastrationskomplex des Mädchens dessen Ödipuskomplex direkt vor: Es wünscht in Anbetracht der mißlichen Umstände, mit dem Vater zu schlafen. Dazu kommt, sagt Freud, daß während der Pubertät des Mädchens die Klitoris ihre Bedeutung verliert und die Vagina die ihre erlangt.

Ich gebe zu, diese rüde Art, Freud zu interpretieren, wird nicht allen Feinheiten seiner Forschung gerecht – aber auf einige werden wir noch zu sprechen kommen.
Fürs erste halten wir nur fest, daß diese Thesen den Grundstein für eine beispiellose Verachtung der Frau, auch für eine Einschüchterung der Frau, gelegt haben. Auf die Folgerungen aus diesen Thesen berufen sich heute noch Männerrechtler und solche, die es nötig haben.

Denn immerhin hat das ja nicht irgendwer gesagt, sondern der große Freud. Wobei in der Schlacht ums Glied völlig unter den Tisch fällt, wie Freud seine Analysen über Frauen selbst eingeschätzt hat.
Immer wieder nämlich hat er, erfahren wir von Juliet Mitchell [11], in Briefen darauf hingewiesen, daß er desto unsicherer werde, je länger er weibliches Wesen studiere. Einmal sind Frauen gar als »dunkle Kontinente« bezeichnet — was nicht eben nach unerschütterlicher Selbstsicherheit klingt.
Und über die Vagina — also über jene erogene Zone, zu deren Gunsten er kurzerhand die Klitoris degradierte — schrieb er: »Dieser geheimnisvolle und unheimliche Ort ist nichts anderes als der Eingang zur Urhöhle der Menschheit, zu jener Wohnung, in der einst jeder von uns sein erstes Zuhause hatte.«
Doch unbeirrt von solchen Äußerungen, die alles mögliche vermuten lassen — auch eine Parodie auf Hölderlin —, werden Freuds Lehrsätze wie Gold gehandelt. Dementsprechend scharf reagieren die Gegner dieses Meinungs-Monopols.
Shulamith Firestone läßt Andrew Salter zu Wort kommen, der glaubt: ». . . das Schicksal des Ödipuskomplexes wird dasselbe sein wie das von Alchemie, Phrenologie und Handlesen.«
Und Frau Firestone fragt höhnisch: »Wenn nach Freuds Auffassung also der Knabe seinen Ödipuskomplex (den Wunsch, mit der Mutter zu schlafen) nur deshalb überwindet, weil er Angst hat, vom Vater kastriert zu werden — ist das dann der erste Schritt zur geistigen Gesundheit? Kann man Normalität durch Verdrängung erreichen? Ist dieses Ziel einer psychoanalytischen Lehre nicht fragwürdig?«
Sie fragt mit Recht: denn fragwürdig scheint auch der nicht zu bremsende Penisneid. Wie Elizabeth Gould Davis bemerkt, »fehlt der Penis eigentlich nur beim Urinieren«.
Es ist nicht leicht einzusehen, warum Frauen es als Nachteil empfinden sollten, kein so unkontrollierbares Organ zu besitzen, wie es das Glied nun einmal ist: Es sieht nicht besonders gut aus, es erinnert im Ruhezustand (also im häufigsten Zustand) an minderwertige Verzehrprodukte, es ist ausgesprochen labil und verursacht dadurch eine sexuelle Störanfälligkeit, die nicht dem, der's nicht hat, Komplexe einjagen könnte, sondern dem, dem es beschieden wurde.
Und Freuds Glaube, die Frau wolle einfach urinieren wie ein Mann und wolle ihr Genital dauernd sehen können — dieser Glaube würde selbst dann nicht zu solch voluminösen Vorstellungen führen, wenn er richtig wäre.
Und keineswegs zu solchen, die umgekehrt zu postulieren zulässig

sind: zum Gebärneid nämlich. Daß so ein Neid unter Männern entstanden sein kann, ist mindestens so logisch wie Freuds These vom Penisneid: Nicht zuletzt ist eines der abgegriffensten Argumente der Männerrechtler jenes, die Frauen sollten doch um Himmels willen froh sein, daß sie und nur sie die Kinder kriegen können. Und daß sie sich nicht aufregen sollten, weil dieser Eigenschaft der Mann sowieso nichts ebenbürtiges entgegenzusetzen habe.

Wie neidvoll der weibliche Schoß seit je betrachtet wurde, geht aus allen alten Mythologien hervor: In dem Moment, in dem der Penis sich in der Scheide ergieße, übertrage er die Lebenskraft an die Frau; dies sei dadurch bewiesen, daß der Penis groß und kraftvoll ein-, aber klein und schlaff ausgeführt werde (Davis).

Die übermäßige Kastrationsfurcht des Mannes ist es, die den Gedanken an den Penisneid mutmaßlich hat aufkommen lassen. Das Ganze scheint eine Projektion zu sein: Nicht die Frau will sein Glied, sondern der Mann will seins behalten.

Und zwar vor allem deshalb, weil er sich und allen anderen eingeredet hat, daß die Lebewesen mit Glied mehr wert sind als die ohne Glied. Als Mit-Glied der Gesellschaft fürchtet er, von dieser ausgestoßen zu werden, wenn er sich nicht mehr ausweisen kann.

Weil wir im Patriarchat leben, hat der Mann nur den einen dringenden Wunsch, Mann zu bleiben. Er weiß, wie es um seine Macht bestellt ist und was es mit der Ohnmacht der Frau auf sich hat.

Die Frau weiß das auch: Und nicht Mann werden zu können, mag bei ihr tatsächlich Neid erwecken – aber doch nicht beim kleinen Mädchen. Denn anders als Freud wähnte, liegt der Ursprung fraulicher Bitternis nicht im vordergründigen Unterschied der serienmäßigen Ausstattung der beiden Modelle, sondern in deren hintergründiger Folge. Das Wissen um die Zusammenhänge von Penis und Macht kann nur ein bewußtes sein. Unbewußtes (oder Mitbewußtes) ist nicht ausschlaggebend für den möglichen Wunsch, doch auch so ein Ding zwischen den Beinen zu haben. Erst, wenn die Heranwachsende erkannt hat, welch große Folgen der kleine Unterschied hat, erst dann wird sie begehrlich werden. Ein Kleinkind aber durchschaut derlei Zusammenhänge doch wohl kaum.

Ähnlich gelagert scheint der Streit um die Geschlechts-Spezifika, die Freud den Frauen zuordnete und die er apodiktisch als angeboren einstufte. Abgesehen davon, daß die mit Unrecht immer noch unterrepräsentierte Wissenschaft der empirischen Forschung tonnenweise Material lieferte, die Freuds Thesen in vielem erschütterten, hat die Sache mit den oberflächlichen, eitlen, eifersüchtigen, asozialen und

liebesunfähigen Frauen einen Haken, den unser Triebforscher eigentlich hätte wahrnehmen müssen: den Überlebenstrieb.
Denn wie Renate Stefan in »Die vergessenen Sklavinnen« schreibt, tun die meisten Frauen das, was man von Frauen verlangt infolge ihrer Abhängigkeit. Kaum eine Frau kann sich leisten, entgegen den gesellschaftlichen, und das heißt: entgegen den männlichen Erwartungen zu agieren und zu reagieren.
Banal: wenn Frauen schusselig sind, dann (meistens) deshalb, weil Männer das weiblich (süß, entzückend, anziehend) finden. Stefan: »Geschlechtsspezifische Eigenschaften« wurden von Frauen vor allem entwickelt, um gemocht und gelitten zu werden.
Dergleichen hat der Mann in den letzten dreitausend Jahren nie nötig gehabt: Er war grob, gefühllos und gemein – und dennoch das Maß aller Dinge.

Die Große Manipulation, aus offensichtlichen Ängsten des Mannes heimliche Sehnsüchte der Frau zu machen, wird für uns als solche noch klarer erkennbar, wenn wir den beiden frauenthematischen Hauptthesen Freuds zu Leibe rücken.
Freud stellte den Penis über die Vagina (denn die Frau wünscht sich ihn ja). Er tat dies auch deshalb, weil ja immer schon klar war, daß es Adam war, aus dessen Rippe Eva geschnitzt worden war, das heißt, daß das männliche Geschlechtsorgan von Anfang an das bestimmende, das »natürliche« gewesen war, während das weibliche sich erst im Lauf der Zeit entwickelt hätte.
Unangenehmerweise ist unter Biologen heute unumstritten, daß die weiblichen Geschlechtsorgane die eindeutig älteren sind, daß also Adam aus Eva entstanden sein muß. Nicht die Scheide ist ein Surrogat des Penis, sondern umgekehrt: Der Penis ist von Natur aus der schlechtere, weil ungeschütztere, Abklatsch der Scheide. Und die von Freud so verdammte Klitoris, die angeblich auch die Frauen selber als minderwertig erachteten, erfuhr 1953 eine späte Ehrenrettung. Wie der amerikanische Sexologe Alfred C. Kinsey feststellte, fanden nur 18 von 900 Frauen keine Befriedigung, wenn ihre Klitoris gereizt wurde. 28 Prozent aller befragten Frauen erklärten, der Orgasmus sei bei klitoraler Stimulierung »ekstatisch«, aber nur sechs Prozent sagten dies vom vaginalen Orgasmus. Sie werden sich möglicherweise fragen, warum die Aussagen Freuds heute noch solche Reputation genießen, wenn Kernsätze davon seit 26 Jahren widerlegt sind. Erste Antwort: Ich weiß es nicht. Zweite Antwort: Weil der Mangel der Frau so unwidersprechbar ist, scheint er so naturgewollt. Weil er

so naturgewollt scheint, eignet er sich trefflich dazu, Ungleichheit in Ungleichwertigkeit umzumünzen. Außerdem ist unter Männern immer noch möglich, Ursachen mit Folgen zu verwechseln. Zum Beispiel: Freud behauptete, jeder Masochist wolle in der Situation der Frau sein. Seine Traumdeutungen hatten, laut Juliet Mitchell, etwa folgende Kette ergeben: Ein Kind wird geschlagen – ich werde geschlagen – ein Knabe wird von seinem Vater geschlagen. Folglich, folgerte Freud, sei dies ein feministischer Traum. Statt zu fragen, was an der Situation der Frau so spezifisches sei, daß sie jeden Masochisten flugs dazu ermuntere, davon zu schwärmen, entschied Freud, daß die Liebe zum Leiden bei Frauen und Masochisten offenkundig gleich stark ausgebildet sei.

(Wie Elizabeth G. Davis ausfindig machte, griff Havelock Ellis diese Überlegung später auf und posaunte: »Frauen ergötzen sich an körperlichem Schmerz (!), wenn er ihnen von einem Liebhaber zugefügt wird.«)

In Wahrheit hatte Freuds Masochistenkunde aber nur ergeben, daß die Situation der Frau um diese Zeit – Anfang unseres Jahrhunderts – so beschaffen war, daß sie den Gelüsten eines Masochisten voll entsprochen hätte. Doch darauf ging Freud nicht ein: Er verstand sich als Psycho-Analytiker, nicht als Soziologe.

Obgleich ihm soziologische Zusammenhänge durchaus nicht völlig fremd waren: Er hat, berichtet Juliet Mitchell, mehrmals auf die »Konventionen« seiner Zeit hingewiesen, er hat von der »patriarchalischen Gesellschaft« geschrieben, er hat erwähnt, daß Frauen der »gesellschaftlichen Sitte« entsprechen müßten. Doch obgleich er davon wenigstens einen Schimmer hatte, hat er die Hysterie eine »Neurose mit femininen Merkmalen« genannt, den Frauen großteils den Sinn fürs Soziale abgesprochen und gemeint, sie wären, um über den Penismangel hinwegzukommen, eitler und eifersüchtiger.

Goldene Worte. Die aber vielleicht – und ich muß mich jetzt, ehe mich Freuds Gegner einäschern, auf meine Inkompetenz und auf Juliet Mitchell berufen – nicht immer bös gemeint waren. Denn Freud hat gewittert, daß hinter der scheinbaren Passivität der Frau eine große Aktivität steckt. Daß es einer großen Aktivität bedarf, um als Kastrierter geliebt (anerkannt) zu werden.

Mitchell schreibt, daß Freud wahrnahm, daß bei bestimmten Tiergattungen das Männchen nur beim Sex aggressiv (»aufs Aggressive reduziert«) ist.

Freud notierte, daß »in manchen Tierklassen die Weibchen die stärkeren und aggressiveren sind, die Männchen nur aktiv bei dem einen

Akt der geschlechtlichen Vereinigung. So ist es zum Beispiel bei den Spinnen.« Er wußte auch, daß »Brutpflege und Aufzucht«, die »als exquisit weiblich erscheinen, bei Tieren nicht regelmäßig an das weibliche Geschlecht geknüpft sind.«

Ja, er gab sogar von sich aus zu, daß Männer nicht mit ihresgleichen zusammenleben könnten, »wenn sie nicht ein hohes Maß von passiver Gefügigkeit entwickeln«, und daß es Frauen ein hohes Maß aktiver Arbeit abverlange, um das scheinbar passive Ziel, geduldet zu sein in der Männerwelt, zu erreichen.

Kurz: Sigmund Freud scheint jene männliche Bestie, zu der ihn seine schärfsten Kritiker machen wollen, im vollen Ausmaß wenigstens nicht gewesen zu sein. Er scheint aber auch nicht jener unfehlbare Zweitgott gewesen zu sein, den seine Anhänger verehren.

Für unser Vorhaben — uns wohlbegründet von den Vorurteilen der manipulierten Masse emanzipieren zu können — genügt die Einsicht, daß Freuds Lehre, sobald sie Frauen betrifft, die Unumstößlichkeit eines Kartenhauses besitzt.

Des einen Freud, des andern Reich. Während die Feministinnen Freud nachsagen, er hätte die Frauen denunziert, sagen die Maskulinisten Reich nach, er hätte die Männer denunziert. Wahr ist das nicht: Wilhelm Reich hat die Gesellschaft denunziert.

Zur Seelenforschung trat er mit einer ihm offenkundig eigenen Unbedingtheit an: Seine Devise ist das unbedingte Lustprinzip. Juliet Mitchell resümiert, daß für Reich die Lust alles ist. Es gibt für den Menschen nur das Streben nach Lustbefriedigung (Libido), nur sexuelle Energie oder Frustration — und sonst gar nichts. Wenn ein Mensch aggressiv ist, dann ist das eine Folge seines Luststrebens (»fehlgeleitete Libido«), da er ja dabei auch wie bei dieser quasi auf jemanden zugeht (losgeht).

Stärker als alles andere lehnt Reich die Familie ab. In ihr erblickt er die Wurzel allen Übels. Doch ein maßgeblicher Wurzelstock — und das mag Feministinnen geärgert haben — ist nicht nur der Vater, sondern auch das Mütterlein.

Mutter nämlich ist für die »Zwangsmoral« verantwortlich, Mutters gebremste Sinnlichkeit weckt diese bei den Kindern, um sie gleich darauf wieder zu verwehren.

Wie Juliet Mitchell interpretiert, schilt und herzt die Mutter die Kinder abwechselnd, so daß laut Reich »der Sex der Kinder zur Mutterfixierung pervertiert«: die Kinder geraten in den Konflikt geweckter Triebe und tabuisierter (Inzest-)Wünsche.

Mag auch die Rolle der Mutter bei Reich keine gloriose sein — für Männerrechtler eignet er sich dennoch nicht zum Zitieren. Denn er hat festgestellt, daß der Mann der Ober- und Mittelschicht dafür verantwortlich ist, daß die Frau keine entsprechende sexuelle Befriedigung finde; die Männer dieser Schichten seien es, die den Sex in eine physische Komponente (für Freundinnen und Prostituierte) und in ein psychisches »Gefühl« (für Mutter, Frau und Verlobte) spalteten, so daß sie, die Männer, kein Interesse an der sexuellen Befriedigung ihrer Frauen hätten.
Womit wir — nach dieser gerafften Darstellung, die aus »Psychoanalyse und Feminismus« [11] gefiltert wurde — nebenbei zu einer ganz plausiblen Erklärung eines Phänomens gelangen können.
Des Phänomens der Prostitution. Wie Phyllis Chesler in [3] bemerkt, ist Prostitution in unserer Männergesellschaft deshalb eine zur Institution gewordene Einrichtung, »weil man sich bei ihr nicht um die Lustempfindung der Frau kümmern muß«.
Ich glaube auch, daß diese Interpretation noch etwas anderes klarmacht: Seit Jahren schütteln Soziologen verwundert darüber die Köpfe, weshalb die Prostitution in einem Zeitalter der sexuellen Liberalisierung ständig zunimmt. (Wozu, lautet die gängige Frage, gehen Männer ins Bordell, wenn sie sich in jeder Diskothek ein Mädchen um den Preis einer Flasche Cola aufgabeln können?)
Sofern diese Soziologen Männer sind, entgeht ihnen das Naheliegendste: Das Mädchen aus der Diskothek betrachtet (wie die Ehefrau) den Sex auch nicht als Geschäft, als mechanische Triebbefriedigung des Mannes, die Prostituierte aber sehr wohl.
Daher hat die Liberalisierung mit dem horizontalen Gewerbe nichts zu tun. Dessen Zunahme ist die Folge einer zunehmenden Gefühls- und Liebesflucht der Männer und auch ein Ausfluß der Leistungsgesellschaft, die dem Mann eingeredet hat, er müsse auch im Bett noch ständig seinen Mann stellen. Die Zunahme der Prostitution ist Ausdruck einer Kapitulation des Mannes.
Wilhelm Reich hat aber nicht nur das vorweggeahnt, er hat auch erhellt, daß die angeblich passive Frau passiv ist, weil die Gesellschaft es so will. Die »passive Frau ist die pathologische Folge der Gesellschaft«, schreibt Mitchell, »die sich die Unterdrückung der Frau zum Ziel gesetzt hat«. Dabei böte, meint Reich, allein die Frau der Menschheit eine Chance. Die Chance nämlich, so Mitchell, »zurück zum natürlichen Universum« zu gelangen: »Vom Tier zur Gottheit.«
Womit wir zum sakralen Teil der Großen Manipulation kommen.

In Gottes Namen

Das religiöse Glied in der Kette der Teufelseintreibung der Frau ist keineswegs das schwächste. Und die Rolle, die die katholische Kirche dabei spielte, ist ebenso groß wie unrühmlich. Denn Jahrhunderte hindurch wurde auf ihren Befehl und kraft ihrer Macht die Frau entrechtet und geknechtet, wurde Weibliches verachtet und verdammt.
Es ist mir bewußt, daß ein Kapitel dieses Inhalts einer besonderen Vorbemerkung bedarf. Jener nämlich, daß dieses Kapitel weder Religionsfeindlichkeit noch Kirchenhaß schüren will, weder Präferenzen noch Abneigungen für die diversen Heilslehren – denn die katholische Kirche stand mit ihrer Anschauung weiß Gott nicht allein da – kundtun möchte. Aber wenn man zusammentragen will, was alles schuld daran ist, daß wir Männer ein vorgefaßtes Denken und ein vorgeformtes Frauenbild haben, dann gehört der Einfluß der Religionen dazu.
Dieser Einfluß war eine lange Zeit der Menschheitsgeschichte hindurch gewaltig, er hat Kriegen zum Ausbruch und Kulturen zum Untergang verholfen, er hat unter anderem Mord und Totschlag begünstigt, und es stimmt wohl keinen Europäer besonders heiter, daß ausgerechnet die christlichen Religionen in vorderster Front mit dabei waren, wenn es galt, Frauen niederzumachen.
Das – bisweilen wörtlich, bisweilen im übertragenen Sinn angewandte – Niedermachen wurde nicht selten von den jeweiligen Würdenträgern in Gottes Namen angeordnet oder empfohlen .
Und das verhalf ihm auch zum Erfolg: Das gottesfürchtige Volk tat, in der Regel ohne Murren und Nachdenken, wie ihm geheißen, denn es mußte ja glauben, es täte, wie ihm verheißen.
Dabei war die Frau keineswegs von Anfang an zum Erniedrigen da. In den alten Religionen genoß sie göttlichen Status, in den frühen

Zeiten der jüngeren Religionen hatte sie nicht selten Stellung und Vorrechte der Priester inne, und erst in den späteren Epochen dieser Religionen wurde sie ihrer Rechte so konsequent beraubt, bis sie schließlich gar keine mehr hatte.
Gut zehntausend Jahre vor Christi, schreibt Elizabeth Gould-Davis, hätten die Sumerer festgehalten, wie sie zu ihrer Sprache gekommen waren: »Ein Wesen, halb Mensch, halb Fisch«, habe die Sprache gelehrt. Diese Fischfrau aus den Wellen des persischen Golfs wurde Tiamat genannt und lehrte das Volk der Überlieferung nach auch Künste wie Tempel bauen und Städte gründen.
Es lehrte übrigens nicht vergebens: Es scheint festzustehen, daß die Sumerer 7000 vor Christi das heliozentrische System kannten – ein Wissen, das die katholische Kirche bis vor 400 Jahren noch als Ketzerei brandmarkte.
Zwischen 9000 und 7000 vor Christi, berichtet unsere Gewährsfrau, entstanden in dieser Region viele Abbildungen (Statuetten), die eine »Große Göttin« zeigten. Diese Göttin mag die erste gewesen sein, aber andere folgten zuhauf nach. Denn die frühen Religionen waren durchwegs Mutterreligionen.
In der frühesten griechischen Mythologie gab es die Dame Metis, der man die Schöpfung in die Schuhe schob. In der phönizisch-karthagischen Religion hieß diese Schöpferin des Alls Tanit und »in der orphischen Religion stammt der Mann von der Frau ab« (E. G. Davis).
Dieser Glaube steht damit nicht allein: unter den Hebräern war eine Weile verbreitet, daß Gott Jahwe von »Anat, der Göttin allen Lebens« geschaffen worden war.
Aus dem hebräischen Chawa wurde über Hawwah und Heva der Name Eva, von dem Paul Hengge (in »Die Bibel-Korrektur«) nicht nur meint, daß dies der erste Name für einen Menschen überhaupt war, daß also der erste Mensch, der einen Namen bekommen hat, eine Frau war, sondern auch, daß diese »Chawa« in der Ur-Bibel deshalb ausdrücklich an proponierter Stelle erwähnt wurde, um für alle Zeiten festzuhalten, dank welch hervorragender Rolle der Frau sich die Menschheit überhaupt erst entwickeln konnte. (Von Hengges Thesen, die das christliche Weltbild einigermaßen erschüttern sollten, wird noch die Rede sein.)
Jedenfalls war schon im damaligen hebräisch-aramäischen Sprachgebrauch üblich, in der Eva die »Mutter aller Arten« zu sehen.
Noch mehr alte Religionen verehrten Muttergottheiten: wie Gordon Rattray Taylor [14] fand, hatten die Phönizier Astarte, die Phrygier

Kybele, die Babylonier Ischtar, die Thraker Bendis, auf Kreta wurde Rhea angebetet, auf Ephesos Artemis, in Kanaan Atargatis, in Persien Anaitis, in Kappadozien Ma, in Ägypten Isis.
Dabei waren die Ehren, die der Gottheit erwiesen wurden, nicht immer sakral in jenem Sinn, der – wie später dann – völlige Leibesfeindlichkeit einschloß.
Die gute Ischtar von Babylon etwa wurde vom Volk respektvoll als »die sich erbarmende Hure« bezeichnet (Taylor).
Auch die Iren, schreibt Taylor, hatten ein Matriarchat. Seit jeher gab es in Irland eine Ehe auf Probe und in vorchristlicher Zeit fiel die Aufgabe, um einen Partner zu werben, eindeutig der Frau zu.
Es war auch die Zeit, in der der Begriff »Bastard« noch sowas wie ein Ehrenname war, denn er bedeutete, daß ein »fremder, tapferer Ritter mit der Mutter geschlafen hatte« (Taylor).
Stolz darauf, ein Bastard zu sein, waren noch Männer wie Karl der Große, Karl Martell, Wilhelm der Eroberer.
Das alles soll Ihnen vor Augen führen, daß die Menschen früherer Zeiten offenbar nichts davon gehört hatten, daß der liebe Gott es so gewollt hat, daß die Frau nur die zweite Geige spiele – im Gegenteil: Frauen waren verehrte, aktive, mindestens gleichberechtigte Wesen der damaligen Gesellschaften. Sie hatten allerhand Rechte (zum Beispiel das Erbrecht) – so unwahrscheinlich es Ihnen klingen mag, sie hatten sogar »das Recht auf den eigenen Bauch« (wie Feministinnen heute sagen).
Abtreibung war erlaubt. Weder Griechen noch Römer, weder Juden noch frühe Christen hatten dagegen etwas einzuwenden. Erst Quintus Tertullian (ca. 160–230 n. Chr.) gelang es, eine Bibelstelle falsch zu interpretieren, wonach angeblich feststand, daß der männliche Fötus nach vierzig Tagen beseelt sei und weibliche nach achtzig – ein kleiner Unterschied mußte ja sein – und schon war die Abtreibung ein gotteslästerliches Werk (Taylor).
Kaiser Konstantin erhob diese Sünde, schreibt E. G. Davis, im vierten Jahrhundert dann zum Staatsverbrechen. Zur Charakterisierung dieses Herrschers erwähnt Frau E. G. Davis, daß er seine Frau Fausta wegen des Verdachts des Ehebruchs in einem Kessel gar kochen ließ.
Gleichwohl waren die frühen Christen noch immer recht freundlich zu den Frauen. Sie verehrten sie zwar nicht mehr ganz so wie die Ägypter, bei denen die Töchter die Alleinerben waren und »ihre Brüder mit Mitgift ausstatten mußten« (E. G. Davis). Aber, wie Taylor schreibt, die Frau durfte durchaus noch predigen, Geister aus-

treiben, heilen und taufen. Erst im zweiten Jahrhundert nach Christi begann ein herberer Wind zu blasen. Der Heilige Clemens schrieb: »Jede Frau solle schon beim bloßen Gedanken, eine Frau zu sein, von Scham überwältigt sein.«
Auch die orthodoxen Juden veränderten ihre Einstellung zu den Frauen und betrachteten sie fortan, schreibt Julius Fast, als Menschen zweiter Klasse.
Die katholische Kirche befand sich also in angesehener Gesellschaft, wenn Hiob im Alten Testament angeblich ausrief: »Wie kann rein sein, der vom Weibe geboren?« Und im Neuen Testament legt Paulus ein Scheit nach: »Lasset eure Weiber schweigen in der Gemeinde. Wollen sie etwas lernen, so lasset sie daheim ihre Männer fragen.«
Dieses »mulier tacet in ecclesia« hielt sich übrigens sehr lang: Noch im vorigen Jahrhundert war es den Frauen verboten, in der Kirche zu singen, so daß die Kirchenchöre mit Kastraten vorlieb nehmen mußten.
Was sich unsere ältesten Vorfahren nicht hätten ausmalen können (gottgewollte Repressionen gegen die Frau), hatte schon begonnen, als das Mittelalter über die Menschheit hereinbrach.
Das Schicksal der Abtreibung ereilte nun auch die Masturbation und den nicht der Zeugung dienenden Geschlechtsverkehr. Taylor: »Im Mittelalter war der Geschlechtsakt gleich der Pest.«
Um ihn zu erschweren, ihn möglichst zu verhindern, ihn zu einem lustlosen, körperfeindlichen Vorgang zu machen, erfanden die fanatischen Kirchenväter immer perversere Vorrichtungen. Eine davon, schreibt Taylor, war das »Chemise cagoule«: Ein Nachthemd mit einer winzigen Öffnung, um die Befruchtung der Frau so gut wie ohne Berührung derselben zu ermöglichen.
Warum? Was war geschehen mit der ehemaligen Priesterin der frühen Christen? Was war passiert mit einem Geschlecht, das kurz zuvor noch taufen, d. h. das denkbar höchste Sakrament weitergeben, durfte?
Die Frau war unrein geworden. Eine von allen Sinnen und sicher von jeglicher Sinnlichkeit verlassene Priesterschaft hatte, teilweise gestützt auf fehlerhafte griechische Übersetzungen, die Bibel ins Lateinische übersetzt. Und dabei an der Frau kein gutes Haar gelassen.
Wie Paul Hengge meint, war es den Übersetzern gelungen, den vermutlich ältesten, großen historischen Text der Menschheit, der Rang und Rolle der Frau in den frühen Tagen als einzige Souveränin beschreibt, zu einem frauenfeindlichen Pamphlet zu verstümmeln und dieses Heilige Schrift zu nennen.

In der derzeitigen, traditionellen Bibelauslegung gilt als gewiß, daß Eva die große Verführerin war, die den Mann vom Sinnen nach Gott durch fleischliche Offerte abbrachte und damit den Sündenfall der Menschheit heraufbeschwor. Weil sie diesen Sündenfall verursacht hatte, hatte sie als Fluch der bösen Tat die Menstruation bekommen. Und weil sie die Menstruation hatte, war sie unrein. So einfach können Beweise sein.

(Ehe sich Theologen die Mühe machen, dagegen zu Felde zu ziehen, möchte ich nur einwerfen, daß ich wohl weiß, daß es auch in der herkömmlichen Bibelauslegung nicht ganz so einfach drinsteht – aber daß das nicht das Entscheidende ist; entscheidend ist, daß es so dem Volk weitergegeben wurde, daß dem Volk gepredigt wurde, die Frau sei unrein und verflucht.)

Überhaupt war das weibliche Blut während des ganzen Mittelalters von einem eigenen Mythos umgeben: Bei den Hinrichtungen der Inquisitionszeit wurden die Männer geköpft – die Frauen aber verbrannt, damit ihr Blut nicht floß.

Die Frau, so verlautbarte jedenfalls die Amtskirche, sei an allem Übel in der Welt schuld – dies stehe ja schonn in der Bibel.

Paul Hengge, der in zehnjähriger Arbeit die Originaltexte der fünf Bücher Moses (des Kerns des Alten Testaments) neu übersetzt hat, kommt allerdings zu anderen Schlüssen: Es stünde in der Ur-Bibel nirgendwo, daß Gott ein Mann sei, daß die Frau aus der Rippe des Mannes entstanden sei, daß die Frau die Sünde über die Welt gebracht habe und daß Sexualität Sünde sei. (Er behauptet auch, daß nicht einmal von Satan und Hölle die Rede sei, aber das ist ein anderes Thema.)

Im Gegenteil, die Bibel strotze geradezu vor Hinweisen, daß unsere Vorfahren erst dann zu Menschen wurden, als sie erkannt hatten, daß Mann und Frau gleichberechtigt seien.

Doch da sich diese humane – wenn Sie wollen: christliche – Auffassung von den Bibeltexten bis heute noch nicht sehr herumgepredigt hat, nimmt nicht Wunder, daß im Mittelalter Frauen ihre Rechte und häufig genug auch ihr Leben lassen mußten.

Für eine Verurteilung der Frau reichte es allemal, daß ein Mann behauptete, die Frau habe ihn eigenartig angesehen. Denn schließlich waren die meisten Frauen ja mit dem Teufel im Bunde. Sie waren Hexen.

»Es entstand die Meinung, daß die Hexen im Bunde mit dem leibhaftigen Teufel stünden und in seinem Dienst alles Unheil, welches über Ortschaften, Familien und Personen hereinbrach, verursachten ... Das Unheil wurde (aber) erst vollständig, als die Kirche den Aberglauben des Volkes autorisierte, indem sie die Inquisition gegen die Hexen und Zauberer zu Hilfe rief.« Dieselbe Quelle schreibt weiter: »Die eigentliche Periode der Hexenprozesse ... nahm ihren Anfang erst mit Papst Innozenz VIII. Bulle ›Summis desiderantis affectibus‹ (1484).«

Das bedeutet, daß das Hauptübel erst gegen Ende des Mittelalters, in der Neuzeit, einsetzte. Der »Hexenhammer« (1487) des Großinquisitors Jakob Sprenger war die Grundlage für ein Verfahren, dessen Folgen unsere Quelle so beschreibt: »Ganze Gegenden wurden durch Morden und Brennen entvölkert, wie ein drückender Alp lag das Gespenst der Hexenfurcht auf dem Volke.«

Um nicht in den Ruch zu geraten, mich zur Kommentierung des Hexenwahns einer besonders kirchenfeindlichen, ultralinken Schrift zu bedienen, habe ich als Quelle »Meyers Konversations-Lexikon« (5. Auflage, 1895) gewählt.

Zwar waren die Hexenverfolgungen wohl der düsterste Einfall, den irdische Repräsentanten der Kirche je zum Nachteil eines Geschlechts hatten, aber er war nicht der einzige.

Die Frau war im Mittelalter rechtlos. Der Heilige Hieronymus trat für die Ehe ein, aber nur deswegen, schreibt Taylor, weil die Ehe die Welt mit neuen Jungfrauen versorge und diese Jungfrauen ja »Bräute Christi« seien — Zeugung, um Christus Nachschub zu liefern.

Wer eine Jungfrau verführte, wurde dementsprechend nicht etwa der Schändung angeklagt, sondern des Ehebruchs auf Kosten Christi! Und wer, berichtet Taylor, eine verheiratete Frau verführte, wurde wiederum nicht des Ehebruchs angeklagt, sondern wegen des Verstoßes gegen das Eigentumsrecht des Ehemanns. Daher gab es nach flagranten Ehebrüchen auch Schadenersatz-Prozesse — und das bis ins Viktorianische Zeitalter.

Weil die Frau aber ab dem Mittelalter als Schande für die Menschheit galt, lag auf der Hand, daß Jesus Christus nicht aus der Schamgegend einer Frau geboren sein konnte. So verfielen die Kirchenväter nicht nur auf die rettende Idee, daß er von einer unberührten Jungfrau, sondern auch noch, ohne mit den Schamteilen je in Berührung gekommen zu sein, geboren worden war. Nach langem Grübeln wurde dabei der ursprüngliche Gedanke, er sei seiner Mutter durchs Ohr entschlüpft, zugunsten der Erkenntnis, daß er »durch Brust und Nabel« (Taylor) auf die Welt gekommen sei, verworfen.

Das breite Publikum nahm das mitunter mörderische Theater, das die Kirche um die Frau inszeniert hatte, wohlgefällig auf. Die Frau war so gut wie ohne eigene Existenz, sobald sie einmal geheiratet hatte, sie war ein »Ding«, und dieses Ding war obendrein noch unrein. Es lag auf der Hand, daß der Mann, nachdem er noch dazu der allmächtige Boß der Familie geworden war, bestimmte, was er zu tun und die Frau zu lassen hatte.

Und dieses von der einflußreichsten aller denkbaren Instanzen — der Kirche — mit reichem Segen und mit der Verheißung eines ewigen Lebens im Paradies abgesicherte, gestützte Weltbild des Mannes festigte sich im Lauf der Zeit immer mehr.

Bald gehörte es zum Allgemeingut, daß Frauen es ja eigentlich schätzten, nicht selbst entscheiden und handeln zu müssen und statt dessen entschieden behandelt zu werden. Bis in unsere Tage hat sich der Aberglaube herübergerettet, daß es der Frau gefällt, geistig und bei Bedarf auch körperlich vergewaltigt zu werden.

Zwar steht (auch in der traditionellen Deutung) sogar in der Bibel ein mit Händen zu greifender Hinweis darauf, daß die Frau einst äußerst selbständig gewesen sein muß — denn sonst hätte sich die böse Schlange im Garten Eden, als es galt, Gott auszutricksen, ja wohl nicht an Eva, sondern an den Adam gewandt —, doch ist davon nichts übriggeblieben.

Selbst der kritische Julius Fast scheint von der Männlichkeit überwältigt zu sein: »Stärke und Aggressivität sind das, was die Frauen wollen.« Aus der Göttin ist ein Gebrauchsgegenstand geworden. Vor Gebrauch knütteln.

Zwingt Grau raus!

Wir haben nunmehr alle wesentlichen Ingredienzien der Großen Manipulation untersucht. Wir haben gesehen, wie wir infolge der Erziehung, erster Erfüllungspflichten gegenüber dem eigenen und Beziehungen zum anderen Geschlecht schon in den entscheidenden Jahren der höchsten Aufnahmefähigkeit dressiert wurden; wie die nymphomane Umwelt den einmal vorhandenen Trend noch verstärkt hat; wie ebenso überlieferte wie überholte Geschichts- und Wert-Vorstellungen das bereits imposante Gebäude noch zusätzlich stützen; wie angeblich unbestreitbare Erkenntnisse angeblich seriöser Wissenschafter durch geschickte Vulgarisierung erheblich zur Volksmeinung beitrugen; und wie schließlich die Kirche mit Hilfe ihres schwersten Geschützes – Gott will es so und wer's glaubt, wird selig – letzte Zweifel mit heiligem Feuer wegbrannte.

Nachdem wir also wissen, wie und warum die Suppe so schmeckt, die den Frauen im Magen liegt, obwohl die Männer sie auszulöffeln haben, gilt unser Interesse in den folgenden Kapiteln dem Versuch, die Frage zu beantworten: Wie ist die Suppe den Männern bekommen, wie haben sie daruf reagiert?

Vergröbernd, wie es nun einmal die Art dieses Buchs ist, kann geschrieben werden: Die Reaktion ist zufriedenstellend. Nichts ist den Männern aufgestoßen. Nichts ist ihnen im Hals steckengeblieben. Sie halten sich für satt und außerdem für wohlhabend, weil jetzt ein Bündel Vorurteile zu ihrem geistigen Kapital zählt.

Als da wären: Den Frauen sind Männer suspekt, weil sie im Gegensatz zur weiblichen Oberflächlichkeit tieferer Gefühle fähig sind. Den Frauen sind Männerfreundschaften verhaßt, weil diese inniger sind als Frauenfreundschaften. Frauen sind, von Geschlechts wegen, ängstlicher und unsicherer als Männer und deshalb wankelmütiger und leichter beeinflußbar, subjektiver und objektiv blöder.

Frauen wollen (oder: können) im Bett ohnehin nichts, weshalb es dem Manne obliege, auch daselbst zu dirigieren. Frauen seien risikofeindlicher, Männer hätten einen natürlichen Zug zu Großzügigkeit, zum Träumen und zur kreativen Unvernunft.

All diese Behauptungen haben mir gegenüber Männer aufgestellt, die ich für dieses Buch ein wenig befragt habe; es handelt sich durchwegs um Männer der Ober- und Mittelschicht, deren Ansichten durchwegs repräsentativ sind und die jenen Typus verkörpern, den einer von ihnen so definierte: den Männermann, der gut mit Frauen auskommt.

Ich werde diese Gruppe bei Bedarf meine »Testmänner« nennen. Sie stehen, glaube ich, teils inmitten, teils knapp oberhalb jener Masse von Männern, die in jüngerer Zeit damit begonnen haben, noch ein besonderes Feindbild auszumachen.

Zur Tarnung all ihrer Nachzüge nämlich, besagt männliche Flüsterpropaganda, haben die Frauen eine Entsatz-Truppe ins Leben gerufen, deren Aufgabe ist, von den natürlichen weiblichen Schwächen abzulenken und die Männer als gemeine Aasgeier darzustellen.

Die Mitglieder dieser hinterfotzigen Einheit heißen Emanzen. Während wir uns den Rest des Resultats der bekömmlichen Suppenkost für die nächsten Kapitel aufheben wollen, wollen wir uns als erstes mit diesen Emanzen befassen, und zwar deshalb, weil sie in der Vorstellungswelt der Männer allmählich jene Marktnische besetzen, die früher das gemeine Hausgespenst eingenommen hat.

Emanzen sind der harte Kern der Widerstandsbewegung, sie sind geisterhaft gut organisierte Guerilleros.

Emanzen (die ich, absichtlich die Spreu männlicher Phrasen gebrauchend, in diesem Kapitel nicht Feministinnen nennen werde) machen all das, was Männer erschreckt.

Sie sind nicht duldsam und nicht folgsam, sie sind nicht lieb und nicht lüstern, sie sind nicht andächtig und nicht anschmiegsam, sie sind nicht hilflos und nicht kopflos — sie sind, wie man daraus ersieht, das Letzte. Und sie werden als solches gehandelt. Emanzenröcke haben einen Grauschleier.

Emanzen sind eingetrocknete Zwangsjungfern, die kleinen Buben mit der Schere was abschneiden wollen und dabei aus dem Mund stinken.

Die Verteufelung (oder: Verhexung) der Emanzen hat Ausmaße angenommen, die selbst einem gewerbsmäßigen Geiferer Achtung abnötigen würden: Wer sich als Emanze entlarvt, hat das Recht auf menschenwürdige, ja sogar auf frauenwürdige Behandlung verwirkt. Frauen sind vögelfrei, aber Emanzen sind vogelfrei.

Eine Wiener Tageszeitung, die sich für gewöhnlich durchaus humaner Methoden befleißigt, beschrieb Emanzen so: »... die schrille Penetranz der Feministinnen, die aus dem Frausein einen Beruf gemacht haben«, die einen »Hexensabbat« abhielten, angeführt von einer »Nilpferdfigur in schwarzem Kaftan mit grellrot gekräuselter Negermähne« (die Assoziation mit Negern sichert doch gleich Sympathien), das »wirre Gekreisch und girrende Gelächter«, das »Tribunal von Obersuffragetten ...« (zitiert aus [1]).

Daß in dem erwähnten Artikel von »Feministinnen« geschrieben wurde, täuscht Sie sicher nicht darüber hinweg, wie leser-konform seine Aussage war: Emanzen sind nicht repräsentativ für das weibliche Geschlecht.

Denn sie haben, dem kannibalischen Kodex der Männerrechtler zufolge, ihre sieben Todsünden begangen:

1. Emanzen sind häßlich. Weil sie häßlich sind, werden sie von Männern nicht begehrt. Weil sie nicht begehrt werden, sind sie gegen die Männer.
2. Emanzen übertreiben, verzerren, lügen. Weil sie lügen, glaubt ihnen keiner. Weil ihnen keiner glaubt, sind sie bösartig.
3. Emanzen verraten ihr eigenes Geschlecht. Weil sie es verraten, kommen die »ganz normalen« Frauen auf die irrige Idee, männliche Eigenschaften in Frage zu stellen, obwohl sie früher »nichts dabei fanden«.
4. Emanzen sind radikal. Weil sie radikal sind, wollen sie die Männer im Grunde genommen kastrieren. Weil sie die Männer kastrieren wollen, bringen sie die »ganz normalen« Frauen um »deren Glück«.
5. Emanzen wollen Männer honoris causa sein. Weil sie das sein wollen, sind sie gegen das Kinderkriegen und verwehren dadurch den »ganz normalen« Frauen das Mutterglück.
6. Emanzen sind geltungssüchtig. Weil sie geltungssüchtig sind, aber nirgendwo »ankommen«, neiden sie den »ganz normalen« Frauen die »natürliche Anerkennung« seitens der Männer.
7. Emanzen spinnen. Weil sie spinnen, sehen sie überall Gespenster, wo keine sind: im Büro, im ehelichen Schlafzimmer und bei der Verfügungsgewalt übers gemeinsame Geld.

»Im Ganzen, haltet euch an Worte!«, rät Mephisto im ersten Teil des »Faust« den Scholaren, und daran halten sich die Männerrechtler wirklich mit teuflischer Konsequenz.

Für sie ist Emanzen-Erörterung Hexenjagd. Die nichtswürdigen, mit

dem dauernd Verneinenden im Bunde stehenden Weiber müssen angeprangert werden: »Neid«, »keinen Mann«, »Greuelberichte«, »verknöchert«, »unbefriedigt«, »extrem«, »fälschend«, »gewalttätig« — das sind nur einige Wörter, die dem Sprachschatz jenes Lagers entstammen, dem wir angehören. Und zwar nicht dem Sprachschatz irgendwelcher Unterteufel, sondern jener Männer, die in Publikationen des deutschen Sprachraums zu Wort kommen.
Emanzen haben, für gut dreiviertel aller Männer, die Position der Juden im Dritten Reich inne. Sie dürfen geschmäht, in Witzen verrissen und in Wort und Schrift erniedrigt werden. Die Angst der Männer, sich mit ihnen und ihren Gedankengängen auseinandersetzen zu müssen, ist so gewaltig, daß sie ihrer nur noch mit Hohn und Haß Herr werden können.
In sorgfältiger Vernachlässigung der (ebenfalls irrelevanten) Frage, wie es denn um den Grauschleier in den Beinkleidern der führenden Patriarchen bestellt sei; in Nichtberücksichtigung des Umstandes, daß der Anteil an häßlichen Menschen wohl überall recht gleich hoch ist, daß aber die häßlichen dressierten Frauen einfach nicht in die Öffentlichkeit gehen; und in Unterschlagung der Tatsache, daß auch nicht just jene Männer zur Elite der Problemlöser zählen, die eine Tür mit der Schulter öffnen können — in Anbetracht all dessen handeln diese Männer instinktiv richtig.
Denn da sie sich schon nicht von ihren Lebenslügen emanzipieren wollen, tun sie gut daran, die Emanzen zu verleumden — die waren und sind nämlich tatsächlich unheimlich.
Schon bei den ältesten Griechen, in der prä-mykenischen Zeit, hatten die besseren Frauen Männer als Diener. Von Omphale, der Königin von Lydien, glauben wir dank Elizabeth Gould Davis zu wissen, daß sie sich ein nicht unbeträchtliches Lustobjekt hielt: den Halbgott Herkules, dem sie die legendären zwölf Arbeiten anschaffte, um ihn zwischendurch auf dem Löwenfell zu Aktivitäten angenehmerer Art anzuspornen.
Ohne die Rolle der lebensklugen und auch als Gesprächspartnerinnen begehrten Hetären besonders beleuchten zu wollen, ohne all die bekannten und einflußreichen Emanzen der Römerzeit nennen zu wollen und ohne den hohen Stellenwert der Mütter(Emanzen) in den führenden Familien des frühen Mittelalters erläutern zu wollen, möchte ich nur noch festhalten, daß Emanzen besonders im zwölften Jahrhundert eine Blüte erlebten.
In der Provence besangen die *troubadours* Frauen, die sie für hervorragend hielten und die die Trägerinnen der damaligen Kultur waren.

Gordon Rattray Taylor schreibt, daß die Beziehung der *troubadours* zu diesen (hochgestellten) Frauen eine »reine«, eine »nicht sexuelle« gewesen sei: Frauen wurden, eben weil sie sich emanzipiert hatten, verehrt. Sie waren die Herrinnen, die »maitressen«.
Heute wären Emanzen, wären sie *maitressen*, bestenfalls Matratzen – würden sie, wie gesagt, nicht sowieso so häßlich sein. Wobei häßlich eigentlich das modisch bedingte Gegenteil des jeweiligen Schönheitsideals ist. Und was häßlich und was schön ist, das bestimmen natürlich wir Männer.
Denn einen kontinuierlichen Wandel des Schönheitsideals gab's nur bei Frauen: Während in alten Zeiten vornehmlich die Ausgeprägtheit der sekundären Geschlechtsmerkmale bejubelt wurde und in der Antike das Ebenmaß der Proportionen vielbeklatscht war, galt im Mittelalter das Prinzip, bei Frauen hätte der Bauch größer zu sein als der Busen. Und Elizabeth Gould Davis weiß von einem T. Bell zu berichten, der 1821 empfahl, Frauen sollten dafür sorgen, daß ihr Venushügel stärker hervortrete als ihre Brüste.
Wenn Sie das für längst verblaßten Ästhetizismus halten, dann erinnern Sie sich bitte daran, daß den Frauen noch in den 60er Jahren diktiert wurde, rank, schlank, glatthaarig und kleinbusig zu sein, während die 70er Jahre zwar Schlankheit, aber gelocktes Haar und volle Brüste vorschrieben.
Beim Mann ging's nie so sprunghaft zu: Der David des Michelangelo erfüllt heute noch alle Kriterien dessen, was als männliche Schönheit denkbar ist.
Weibliche Schönheit aber ist weder kultur- noch zeitunabhängig, das Schönheitsideal für Frauen wird ständig neu »gemacht«. Von einsamen Ausnahmen wie Aussatz, Buckel oder Warzen abgesehen, sind die Zuordnungen schön oder häßlich variabel. Sie unterliegen dem Diktat der Mode, die ihrerseits wieder dem Diktat der Dominierenden unterliegt.
Das sind wir Männer. Unser wechselnder Geschmack allein wäre noch nicht so schlimm, wohnte ihm nicht mehr Bedeutung als die einer Laune bei. Doch in Wahrheit hat dieser Geschmack dreifachen Terror verursacht: Schönheits-Terror, Jugend-Terror, Schlankheits-Terror.
Der Geschmack der Männer, der via Werbung und Pin-up-Fotos, per Filmstarlets und Schönheitswettbewerbe, den »Miß-Wahlen«, bis ins letzte Dorf durchgetrommelt wird ohne Abstriche und ohne Rücksicht auf Verluste weiblicher Eigenständigkeit, jagt den Frauen Angst ein: Sie sehen und hören, was Männer sehen wollen, wenn deren müde

Hand die Bettdecke beiseite schiebt, sind aber in der Regel nicht imstande, das Ideal vollständig kopieren zu können.
Um ihm wenigstens nahezukommen, greifen sie mit bebenden Händen nach den genüßlich offerierten Produkten der Kosmetik-Industrie, die ihr Geschäft mit der Angst macht. Auch mit der Angst der Frauen vor dem Alter.
Wenn Männer alt werden, dann »kommen sie in die besten Jahre«. Wenn Frauen alt werden, kommen sie auf den Schrotthaufen für ausrangierte Sexmaschinen. Gar nicht so selten landen sie dort als Geschiedene, deren Ex-Mann sich als erfolgreicher, wohlhabender 55-jähriger eine attraktive 35jährige genommen hat.
War die erste Frau Hausfrau, dann erlebt sie ihren Lebensabend in der beglückenden Behaglichkeit einer gesellschaftlichen Gruft: »Erdrückend ist«, schreibt Hazel E. Hazel (»Wer emanzipiert wen wohin?« in [10]), »daß sie in der Konkurrenz mit toten Kosmetikpuppen steht und es nicht in ihrer Macht liegt, sich gegen diese Konkurrenz zu behaupten.«
Daher tut sie gut daran, sich künstlich jung und möglichst schön (was es auch gerade bedeute) zu halten. Wozu nicht zum kleinsten Teil gehört, sich dem zunehmenden Schlankheits-Terror zu beugen.
Um Mißverständnisse zu verhindern: Übergewicht kann gesundheitsschädlich sein. Wer 15 Kilo (30 Pfund) zu viel hat, belastet Herz und Kreislauf über Gebühr und läuft Gefahr, vom Herzinfarkt hinweggerafft zu werden.
Doch jenes Übergewicht, das (wie »Emma« und Susie Orbach im »Anti-Diätbuch« schreiben) jede zweite amerikanische Frau und 55 Prozent aller bundesdeutschen Frauen angeblich besitzen, jene drei bis fünf Kilo über dem Normalgewicht, sind physisch auf lange Sicht weniger schädlich als der psychische Zwang, sie auf-Teufel-kommraus verlieren zu müssen.
Eine weltweit Diät-Industrie mit jährlichen Zuwachsraten von gut 60 Prozent lebt davon, daß Frauen fürchten, ihr einziges Kapital zu verlieren: nicht mehr begehrenswert genug zu sein. (Wohingegen es keinen Mann gibt, der dreier Plus-Kilo wegen Angst hätte, keine Frau mehr zu kriegen.)
Und weil die Emanzen sich nun mehr oder minder nichts um derlei Edikte scheren, ja, weil sie sogar tückisch ihre Geschlechtsgenossinnen aufrufen, ihrem Beispiel zu folgen, mußten sie zwangsläufig ins Fadenkreuz der Männergesellschaft geraten. Denn ihre wilde Weigerung, eine der wichtigsten Spielregeln anerkennen zu wollen und ihre unverhüllte Absicht, diese Spielregel als das zu bezeichnen, was sie

ist: der Angelpunkt zur unumschränkten Macht des Mannes, machten und machen sie für Männer gefährlich.
Es mag sein, daß Sie an dieser Stelle sagen: Jaja, ist ja alles gut und schön, daß die Emanzen nicht wollen, daß sich die Frauen in selbstmörderischem Wettrennen für uns herrichten müssen, aber Tatsache bleibt eben, daß sie — die Emanzen — nicht dazu in der Lage wären, mit anderen, mit wirklichen Frauen zu konkurrieren, selbst wenn sie's auch nur einmal wollten ... sie machen halt aus der Not eine Tugend.
Tja. Wären die Emanzen doch auch so schön wie jene junge Norwegerin, die kürzlich in Trondheim zur »Miß« gekrönt wurde und von der die Lokalpresse begeistert schrieb: »Sie ist schlank und wunderschön, mit wunderbaren graublauen Augen!« Dann würden sie sich wohl auch auf liebreizende Art bei der Jury bedanken und sagen: Sie hätten an der ganzen Konkurrenz nur teilgenommen, um diese ad absurdum zu führen und um — dank der männlichen Jury offensichtlich kompetent — gegen das »Geschäft mit dem Körper« protestieren zu ... aber, einen Augenblick: das ist ja tatsächlich passiert. Das hat die, laut »Emma«, wahrhaftig gesagt.
Ich frag mich jetzt nur: war das eine Emanze — oder eine wirkliche Frau?

Der Angriff der Männer auf die Emanzen, der eigentlich verzweifelte Abwehr ist, hat natürlich noch andere und gravierende Ursachen: Die eine ist, daß die bloße Existenz der Emanzen das alte Selbstverständnis der Männer als Wahn demaskiert; die andere ist, daß wir Männer mit Recht fürchten müssen, daß à la longue von den Emanzen frauenwirksam darauf hingewiesen werden wird, daß uns nur ein Bindeglied mit der Vorherrschaft verbindet: das Glied.
Beides scheint Männern untragbar.
Das alte Selbstverständnis des Mannestums hat dank der Großen Manipulation die Überlegenheit des Mannes zur Basis.
Wo dieses Überlegenheitsgefühl übersteigert wird, greift ein Männlichkeitswahn platz, den die fortschrittliche Wissenschaft *machismo* nennt (von *macho* = spanisch: Männchen).
Dieser Wahn, der umso verhängnisvoller ist, je normaler er erscheint, gibt Männern die Vorstellung ein, daß Frauen eine Ware seien, bestenfalls ein Objekt für Eroberungen.
Wie Harvey Kaye schreibt, bleibt von dieser Einschätzung der Männer immer nur eine Frau in ihrem Leben verschont — die Mutter, die bezeichnenderweise abseits aller Marktwerte steht. Alle andren

Frauen aber sind für *machismo*-Männer keine Menschen. Folglich können sie guten Gewissens diskriminiert werden, denn sie besitzen ja keinerlei Chance und Charakteristikum, die Stufe zum Menschen (= Mann) je zu erklimmen.
Entweder, schreibt Renate Stefan, entsprechen sie dem herkömmlichen weiblichen Rollenmuster — dann disqualifiziert sie, daß sie dadurch eben nicht der männlichen (menschlichen) Norm entsprechen. Oder sie entsprechen nicht diesem Rollenmuster — dann disqualifiziert sie, daß sie sich »unweiblich« verhalten.
Sie werden bemerken, daß Frauen dieser Schere nicht entgehen können: Irgendwo schneiden sie sich immer.
In dieser für Männer angenehmen Lage der Frauen kamen die Emanzen und verkündeten: Eben weil wir uns unweiblich verhalten, sind wir Frauen. Eben weil wir die uns zugeteilte Rolle nicht spielen, sind wir Menschen.
Das war für Männer ein arger Schock, zumal Emanzen auch gleich dazu übergingen, mit lieb gewordenen Gewohnheiten Schluß zu machen. Sie versuchten den Frauen beizubringen, Dinge zu schätzen, die Männer nicht schätzen (oder die diese zumindest nicht brauchen und daher kalt lassen). Seit Jahrhunderten aber, schreibt Phyllis Chesler, »ist Frauen beigebracht worden, alles zu schätzen, was Männer schätzen oder brauchen« — und sonst nichts.
Frauen waren der einzige Gebrauchsgegenstand, der imstande war, andere Gebrauchsgegenstände zu fertigen, zu holen oder in männliche Reichweite zu legen.
In bestimmten Fällen konnten sie sogar mit einem anderen Gegenstand zu einer einzigen, wertvolleren Ware verschmelzen: Wie Mary Kathleen Benet [2] berichtet, brachte die Firma Remington 1873 ihre ersten Schreibmaschinen auf den Markt — und präsentierte diese zusammen mit »Maschinenschreiberinnen«. Der Erfolg war außerordentlich: Scharenweise kauften Firmen die Maschinen und die Mädchen in einem. (Der Warencharakter der Sekretärin hat sich bis heute nicht verflüchtigt: Wie Umfragen ergaben, werden Sekretärinnen von Ehefrauen weiterhin der sexuellen Verfügbarkeit verdächtigt. Tatsächlich, scheint mir, werden im Zweifelsfall die Attraktiveren bevorzugt und tatsächlich rechtfertigt allein der diffuse Aufgabenbereich der Sekretärin — die die »Perle des Chefs« zu sein hat — den Argwohn der Ehefrauen.)
Die Emanzen sind also wie die märchenhafte Ilsebill verfahren und haben den *machismo* als Leiden diagnostiziert. Die Abscheu, die die Männer logischerweise vor ihnen empfanden, hätte nur noch kom-

pakter sein können, wenn sie nun auch noch das Heiligtum des Mannes, den Penis, als Heiligtum in Frage gestellt hätten. Worauf die Emanzen anhuben, eben dies zu tun.

Worauf der Krieg total wurde – ein Schlachten war's, nicht eine Schlacht. Unseren seligen Heroen im Geiste dämmerte allmählich dumpf, daß die Emanzen nicht gesonnen waren länger hinzunehmen, in Ermangelung eines fünfzehn Deka schweren Muskels benachteiligt zu werden. Und daß sie darauf aus waren, den Widerstandserreger allen Geschlechtsgenossinnen einzuimpfen, damit diese von Lust- zu Listobjekten würden.
Zwar versuchten die Männer sogleich, die Parole auszugeben, auch Emanzen würden von ihrem schändlichen Tun ablassen, würden sie »nur einmal so richtig gevögelt« werden, doch als diese nicht verfing, als diese von den Emanzen sogar als Angstparole verhöhnt wurde, wechselten die Männer die Strategie: Sie schritten von der Denunziation zur Isolation.
Waren Emanzen bisher als Sondereinheit des weiblichen Geschlechts eingestuft worden, als CIA der Frauen, so wurden sie nun zur paraweiblichen Sumpftruppe deklariert.
Sie wurden vom weiblichen Geschlecht abgespalten und zur fünften Kolonne der herrschenden Hierarchie erklärt: Sie kamen nun nach Männern, Frauen, Kindern und Homos.
Als neue Sprachregelung wurde festgesetzt: Was immer eine Emanze denkt oder sagt oder tut – eine echte, richtige, wirkliche Frau denkt, sagt oder tut das nicht. Es handelt sich bei diesem Kniff um ein Remake: Vom frühen neunzehnten bis zum mittleren zwanzigsten Jahrhundert hieß der analoge Satz »Eine Dame tut das nicht« und wurde stets dann vorgebracht, wenn es galt, die Frau in ihren Drei-K-Zwinger zurückzuscheuchen.)
Die alte Klamotte hatte nostalgischen Erfolg, denn sie konnte noch mit einer zusätzlichen Pointe aufwarten: »Eine wirkliche Frau denkt das nicht, . . . denn die hat das gar nicht nötig!« Vorhang.
Zwei Fliegen auf einen Streich waren mit jener Klappe, die die Emanzen nicht halten mochten, geschlagen: Zum einen bestimmte nun der Mann eindeutig – und leider Gottes noch unter dem frenetischen Beifall gut abgerichteter Frauen –, was eine wirkliche Frau war (damit hatte er den Schönheits-Terror auf den Identitäts-Terror ausgedehnt); zum andern bestimmte er auch noch, wieder unter dem Applaus nämlicher Frauen, was eine Frau gar nicht nötig zu haben hatte.
Was Frauen nicht nötig hatten, waren zum Beispiel Emanzen. Denn

mochte subjektiv auch was dran sein an dem, was Emanzen sagten, objektiv traf's nicht zu. Mochte es den Emanzen vielleicht auch schlecht gehen, Frauen ging's ja gut. Emanzen verkörperten nicht länger das Böse in der Frau, denn die wahre Frau war nicht böse. Emanzen waren nicht länger giftige Sprecherinnen eines Geschlechts, sondern bloß mieselsüchtige Keifen in eigener Sache.
So banal, so vordergründig die Masche, Frauen gegen Frauen auszuspielen, auf den ersten Blick sein mag, so erfolgreich war sie bisher: Genauso, wie es dem römischen Ekel Destructivus (in »Streit um Asterix«) gelingt, die Einwohner des kleinen, unbeugsamen gallischen Dorfes gegeneinander aufzubringen, indem es sich der menschlichen Eigenschaften Argwohn, Neid und Zwietracht bedient, gelang es den Männern, unter den Frauen Argwohn, Neid und Zwietracht zu säen.
Die »wirklichen« Frauen argwöhnten, die Emanzen wollten sie als Stimmvieh mißbrauchen, bloß weil sie, die Emanzen, sich keinen Mann hätten angeln können; sie neideten den Emanzen das Rampenlicht, das große Tamtam, das anfangs noch um sie gemacht worden war und sie haderten, daß die Emanzen ihnen eine Fähigkeit absprachen, von der ihnen doch schon Großmutter in seligen Kindertagen erzählt hatte: die Fähigkeit jeder Frau, »den Mann um den Finger zu wickeln«.
Der Schachzug der Männer machte aber nicht nur viele Frauen den Emanzen abspenstig, sondern holte auch noch abtrünnige Männer, die vielleicht bereits nachdenklich geworden waren, wieder ins Lager der Männer zurück: Denn wenn diese gutwilligen, aufgeschlossenen, nachdenklichen Männer wirklich was zum Wohl der Frauen tun wollten, dann konnten sie sich doch nicht auf die Seite der Emanzen schlagen, wenn glasklar war, daß nicht einmal die Frauen die Emanzen leiden mochten.
Es scheint mir nicht unwichtig, festzuhalten, daß ein Großteil der Antipathie, die fortschrittliche Männer noch immer gegen die Emanzen hegen, daherrührt, daß sie das Gefühl (vermittelt bekommen) haben, Emanzensache sei nicht Frauensache. (Daß die fortschrittlichen Männer aber immer noch schütter gesät sind, braucht wohl kaum erwähnt zu werden.)
Das Entzweien des Frauentums war der bisher stärkste Trumpf der Männer. Die feminine Spielart der Großen Manipulation war stärker als geschlechtliche Solidarität.
Weil dem Mädchen von klein auf eingetrichtert wird, daß es zwar offiziell die Schwache, die zarte Zweite zu sein habe, in Wahrheit

aber durchaus »die Hosen an haben« könne, sind viele Frauen noch immer nicht bereit, zu glauben, daß sie bei diesem vabanque-Spiel nicht nur die Hosen, sondern auch das Hemd verlieren werden. Denn ihr Einflußbereich ist entgegen der Volks- und Frauenmeinung wohlkontrolliert; es ist per saldo nicht so, daß der Mann insgeheim tut, was seine Frau sagt, sondern so, daß er ihr eine potemkinsche Potenz zwinkernd zubilligt, die beide Teile befriedigen soll — sie fühlt sich stark, er ist es.

Es scheint mir abermals ein Punkt erreicht, an dem Sie fragen könnten: Ist diese ganze Argumentation nicht reichlich manipulativ? Sind die Frauen, die begeistert Beifall klatschen, wenn Emanzen geohrfeigt werden, denn wirklich alle blöd? Kann nicht sein, daß die meisten Frauen halt wirklich völlig zufrieden sind mit ihrer weiblichen Rolle und die Emanzen als Störenfriede einer gesunden Idylle betrachten? Ist es nicht arrogant, viele Frauen als Tölpel, einige wenige aber als Genies zu katalogisieren?

Meine Antwort ist ein klares Jein.

Natürlich wär's arrogant, das Gros der glücklichen Frauen für blöd zu halten; natürlich sind mir glückliche Sklaven immer noch lieber als unglückliche Sklaven; natürlich sind viele Frauen zufrieden mit ihrem Schicksal, weil ihnen ja eingegeben wurde, daß ihr Schicksal eben ihr Schicksal ist — Kismet; natürlich haben Frauen, wie jede Gruppe von Lebewesen, ein Beharrungsvermögen, das nicht zufällig gleich groß ist wie das Angstpotential (erinnern Sie sich bitte an den »Brauch«!); natürlich wär's vermessen, Frauen aufhetzen zu wollen, die ohnehin mitentscheiden können, denen ohnedies alle Türen offenstehen.

Aber, besagt ein Altwiener Ausspruch: »Schön wär's. Aber spiel'n tan s' es net.« Gespielt wird das Lied vom Brot.

Vom täglichen Brot, welches zu ergattern die ledige Frau mehr Anstrengung kostet als den Mann, welches dargereicht zu bekommen dank ihres Mannes Arbeit die verheiratete Frau Substanz kostet.

Gespielt wird auch in Ehen und Haushalten der glücklichen, der wirklichen Frauen das Stück vom Selbstverzicht. In einem galoppierenden Ausmaß nimmt für Frauen der innere Drang zu, dem äußeren Zwang zu entsprechen.

Frauen, von Millionärinnen einmal flüchtig abgesehen, haben so gut wie keine Chance, ihren Willen, ihre Vorstellungen, ihre Absichten zu verwirklichen — sobald sie sich fest an einen Partner gebunden haben (merke: »gebunden«).

Wer das bestreitet, weiß es nicht besser oder lüfte einmal das zentrale Geheimnis so vieler Ehen.

Weil das so ist und weil das die Botschaft der Emanzen ist, sind diese den Männern und auch den Frauen ein Balken im Auge: Wer hört schon gern, daß er unfrei ist?
Noch kein Scheidungsgesetz der Welt hat vollbracht, wovon männliche Theoretiker gern faseln: daß die Frau nach einem ernsten Zwist mit ihrem Mann frei und sicher in eine neue Zukunft gehen kann. Sie kann ein- oder an seiner Seite gehen.
Ein einzelnes Gesetz kann dies auch gar nicht vollbringen. Der Frau ist infolge der gegenwärtigen gesellschaftlichen und wirtschaftlichen Verhältnisse – die wir im Kapitel »Wirtschaftswunden« noch untersuchen werden – nicht möglich, wirkliche Repressalien gegen ungeliebte Eigenheiten ihres Mannes zu ergreifen.
Was die Frauen, die den Männern so begeistert Beifall spenden, wenn's darum geht, ob echte Frauen sich hinreichend helfen können und Emanzen gar nicht nötig haben, nicht bedenken (wollen?), ist der gern verschleierte Umstand, daß eine Frau anläßlich ernsthafter Auseinandersetzungen im Gegensatz zum Mann ihre Existenz verlieren kann.
Solang sich die Meinungsverschiedenheiten in den engen Grenzen halten, er sei mit Johnnie Walker um drei Gläser zu weit marschiert, wird sich seine Reaktion berechnen lassen. Aber wenn er wirkliche Privilegien aufgeben und ständige Dienstreisen mit seiner Sekretärin unterlassen soll, wenn die Drohungen seiner Frau ihn zu irritieren beginnen, wird er auf Abhilfe sinnen.
Sie kann darin bestehen, daß er sich scheiden läßt, daß er sich von ihr trennt, daß er sie in der näheren Umgebung unmöglich macht, oder daß er sie schlicht verprügelt. Und es ist eine Tatsache, daß die vom Mann initiierte Gewalt in der Ehe zunimmt: Es gibt keine verläßlichen Angaben darüber, wie häufig sie ist –, weil analog der Schamschwelle bei Vergewaltigungen die Dunkelziffer hoch ist; aber in mindestens jeder zehnten Ehe wird die Frau mißhandelt.
Ungeachtet all dessen erzeugt der Slogan von der »wirklichen Frau« einen beachtlichen Sog: Noch ist die Mehrzahl aller Frauen bereit, zu schwören, ihr könne das nicht passieren, denn sie wüßte ja »weibliche Diplomatie« zu nutzen, sie wüßte ja, mit »weiblichen Waffen« zu kämpfen und »weibliche List« zu gebrauchen.
Was immer diese Operetten-Attribute sein mögen, sie besitzen die Kraft des Atems eines Lungenkranken im Gegenwind. Ihre größte Stärke liegt darin, die Frauen zugunsten der »weiblichen Waffen« vergessen zu machen, was frauliche Munition sein könnte: Selbsterkenntnis und Solidarität.

Nur Frauen, die entschlossen sind, sich nichts bieten zu lassen, werden von Männern etwas besseres angeboten bekommen. Doch derlei Prozesse wie die Abkehr von »weiblicher Diplomatie« zu weiblicher Politik brauchen Zeit.

Wenn Sie bedenken, daß vom Umschwung vom Matriarchat zum Patriarchat bis zur endgültigen Etablierung der modernen Kernfamilie etwa 2400 Jahre vergangen sind, dann wird Ihnen klar sein, daß es nicht auf das Versagen der Emanzen zurückzuführen ist, wenn noch kein neues Zeitalter angebrochen ist.

Auch nicht darauf — wie Männerrechtlicher hämisch, aber fälschlich behaupten —, daß »die Frauen die ganze Bewegung einfach ablehnen, wie man ja sieht«; sondern einfach darauf, daß dieser Prozeß wieder eine gute Weile brauchen wird, bis er abgeschlossen ist, zumal die Männer ungleich besser gerüstet sind als es die Frauen damals waren. Es stehen ihnen Propaganda- und Kommunikationsmittel (was in diesem Fall vielfach dasselbe ist) zur Verfügung, derer sich Frauen häufig nur nach ausgiebigen Devotionen bedienen dürfen.

Dennoch werden nicht die Emanzen verlieren, sondern die nichtemanzipierten Männer. Nicht die Emanzen werden mit dem freudlosen Grauschleier etikettiert werden, sondern die Anbeter des Götzen Glied. Denn es wird sich noch herausstellen, daß nicht die Emanzen radikal sind, sondern die Paschas. Und jede neue Generation wird neue Ermutigungen mit sich bringen.

Die erste sollte lauten: Fürchten Sie sich nicht vor Ihrem ärgsten Feind. Von diesem wird im kommenden Kapitel die Rede sein und Sie werden sich wundern, wer damit gemeint ist.

Nein, nicht Sie selber. Sondern Ihr bester Freund.

Feigheit vor dem Freund

Es gibt, vom Surrogat des Begriffs Liebe abgesehen, kein Produkt menschlichen Fühlens und Wirkens, das öfter besungen, betrachtet und bedichtet wurde und wird als »die Freundschaft«.
Womit zu 99 Prozent die Freundschaft unter Männern gemeint ist. (Das letzte Prozent ist der Freundschaft zwischen Mensch und Tier gewidmet.)
»Wahre Freundschaft soll nicht wanken«, »Freunde fürs Leben«, »Ich hatt' einen Kameraden«, »Good-bye, Johnny«, »Ein Freund, ein guter Freund, das ist das schönste, was es gibt auf der Welt«. Schiller verherrlichte die Freundschaft (»Die Bürgschaft«), der Western käme ohne sie nicht aus (Wyatt Earp und Doc Holliday), Asterix braucht Obelix, Hamlet braucht Horatio, Robin Hood wäre ohne seine Getreuen, Winnetou ohne Old Shatterhand aufgeschmissen, der Gruß der Sozialisten heißt »Freundschaft« und seit jeher ist einer, der nicht lügt, ein »Freund der Wahrheit«. Freundschaft kennt kein Fehl.
Liebe mag vergänglich sein, Liebe kann kommen und gehen, die Weiber mögen treulos und falsch sein (»la donna mobile«) – aber Freundschaft ist immer aufrichtig, echt, heilig. Freundschaft unter Männern, so suggeriert uns jegliche Ausdrucksform unserer sublimierten Ängste und Wünsche, hat jenen Endlichkeitspunkt, der der Ehe erst umständlich nachgesagt werden muß: Sie besteht, bis daß der Tod uns scheidet.
Sie ist stärker als die Furcht vor dem Tod, singen die Barden und reimen die Dichter – und in gewisser Hinsicht stimmt's auch: Ihre ebenso unauffälligen wie unauslöschbaren Ansprüche werden zwar kaum bewußt, machen aber bewußt, daß alle Menschen aus einer Quelle kommen, denn sie lassen erkennen, daß auch der Mann des Abendlandes Werte aus dem Morgenland hochhält – kein Mann will vor seinem Freund das Gesicht verlieren.

Die Furcht, in der Ansehens/Einschätzungs/Sympathie-Skala des Freundes auch nur um einen Grad zu sinken, ist beim Mann stärker entwickelt als alle anderen denkbaren Ängste.
Ehe Sie das entrüstet zurückweisen, möchte ich zunächst die Definition des Wortes Freund auf die tatsächliche Bedeutung fürs tägliche Leben ausweiten: Es betrifft sowohl den Busenfreund als auch den Geschäfts»freund«. Es betrifft den Geschlechtsgenossen, es betrifft jeden Mann, mit dem Sie in unmittelbarer oder mittelbarer Umgebung zu tun haben, der unmittelbar oder mittelbar Einfluß darauf haben könnte, wie Sie eingeschätzt werden.
Männer wollen Männern imponieren. Sie geben sich zwar auch redliche Mühe, Frauen zu imponieren, aber nur deshalb, weil die Gunst begehrenswerter Frauen sie wiederum in die Lage versetzt, Männern imponieren zu können. Frauen sind für Männer nicht zum kleinsten Teil Mittel zum Zweck. Nicht einmal so sehr zum despotischen oder sexuellen, sondern zum hierarchischen: Frauen sind wie Orden, Titel, Millionen, Klubmitgliedschaften, Sportwagen, Reiseziele und Alkoholmengen.
Männer müssen Männern imponieren. Denn das wichtigste für einen Mann ist, ein richtiger Mann zu sein. Oder für einen solchen zu gelten — was exakt dasselbe ist: Ein Mann hält sich nämlich erst (und nur) dann für einen richtigen Mann, wenn ihm dies von seiner männlichen Umgebung bestätigt wird.
Meine »Testmänner« versicherten, es sei »extrem wichtig, als Mann zu gelten«, ja, »überhaupt zu gelten«. Das »Gefühl, der Aktive zu sein«, mache die »Belastung, ein Sexualorgan zu haben, das versagen könne« spielend »wett«.
Von dieser Einstellung leiteten einige sogar die Überzeugung ab, daß »der Mann besser treu sein« könne, weil er »ständig gegen den Zwang ankämpfen« müsse, »die geborgene Sicherheit des Kollektivs aufzusuchen«.
Ich hege allerdings den Verdacht, daß weniger die Sicherheit des Kollektivs als die Sicherheit vor dem Kollektiv gemeint ist — was allerdings dieselbe Reaktion nach sich zieht: Nichts wie hin ins Kollektiv, denn wer drinnen ist, der kann nicht so leicht und so wehrlos heruntergemacht werden.
Jedenfalls haben mir meine Auserkorenen bestätigt, daß zwischen dem einzelnen Mann und seiner gleichgeschlechtlichen Umgebung eine sehr starke Wechselwirkung besteht. Und weil diese Wechselwirkung, wie wir noch merken werden, so ausnahmslos ist, ist das Gruppenbewußtsein und Gruppenverhalten der Männer dermaßen

ausgebildet und dermaßen verhängnisvoll. Was Sie wirklich daran hindert, sich rasch und vollkommen zu emanzipieren, ist Ihre Furcht vor Ihrer Umgebung: Die Feigheit vor dem Freund.

Ich bin mir bewußt, daß diese Behauptung Sie nicht eben beglücken wird; denn es gehört zu den geheimen Riten von uns Männern, unter Umständen alles auf Erden einzugestehen – vom Ehebruch bis zur Kinderschändung –, nur nicht die Tatsache, daß unsere Handlungen nicht von uns (allein) bestimmt werden.

Ein richtiger Mann ist nämlich etwas ganz anderes als eine richtige Frau. Eine richtige Frau ist dekorativ, dienend und duldend. Ein richtiger Mann dient nicht und duldet nicht.

Und dekorativ muß er schon gar nicht sein, denn da hat er sich einen Ausweg gehauen: Beim Mann, heißt es, kommt's nicht auf die Schönheit an, sondern aufs Hirn. (Ein Ausweg, der übrigens den Trampelpfad der maßlosen Überbewertung der »Intelligenz« und der damit einhergehenden Tests erst gängig gemacht hat: Bis heute ist üblich, von jemandem zu sagen, er sei zwar ein Gauner, aber eines müsse man ihm zugestehen, er sei gescheit! Wäre Humanität stärker gefragt, würde die Gesellschaft nicht so gebannt das Raffinement mancher Räuber bestaunen.)

Ein richtiger Mann muß keine Bäume ausreißen können, er muß nicht Auto fahren können wie Niki Lauda, nicht saufen und vögeln wie James Bond, er muß nicht das große Wort führen und alle kleinen Tricks beherrschen können – aber er muß sich das alles zutrauen. Und er traut sich's (nur) dann zu, wenn seine Freunde ihm einreden, daß sie es ihm zutrauen. Der Mann saugt Anerkennung anderer Männer ein wie ein Wal das Plankton – und wie dieser lebt er auch davon. Die drogenstarke Abhängigkeit des Mannes von seinen Freunden ist von allen ihm halb-bewußten Hebeln, die die Tür zu seiner Emanzipation verriegeln, der längste.

Es gibt mitbewußte Ursachen für seine vorläufige Unfähigkeit, sich zu emanzipieren: Es sind jene Bestandteile, aus denen die Große Manipulation besteht. Es gibt andere halb-bewußte Ursachen dafür: aber keine ist gravierender als die Furcht vor dem Freund. Es mag sein, daß diese Behauptung auch von manchen Feministinnen angezweifelt werden wird.

Denn Männer, die aus Angst gemein sind, sind zwar nicht weniger gemein, aber weniger verurteilbar. Ihr Motiv ist nicht, die Frau bewußt und in erster Linie zu erniedrigen, sondern, den eigenen Stellenwert in der männlichen Gesellschaft in erster Linie zu erhöhen. Sie nehmen lediglich (?) inkauf, daß die Frau dabei erniedrigt wird.

Es liegt auf der Hand, daß dieser Gedanke keine Entschuldigung darstellen kann (und auch nicht soll), sondern eine Erklärung: Natürlich sind wir Männer Scheusale, natürlich ist uns am liebsten, wenn Frauen demütig kuschen – aber wir sind's nicht ganz so freiwillig, wie es in der feministischen Literatur häufig dargestellt wird.
Wir sind nicht nur Opfer der Großen Manipulation, wir sind auch Opfer eines hemmungslosen Freundschaftskultes. Denn nicht der unablässige Alptraum vom direkten Machtverlust läßt Männer zaudern, sich offen für die Rechte der Frauen einzusetzen, nicht ein unbändiger Wille zum Unrecht, nicht angeborenes Böses und nicht einmal die Angst vor schwindender Potenz. Sondern in erster Linie die Angst vor anderen Männern, die einem etwas bedeuten; genauer: für die man etwas bedeuten möchte. Die einem auch deshalb etwas bedeuten, weil sie ausschlaggebend sind für die eigene Position in der Umwelt.
Denn, was immer an marginalen Umständen noch genannt werden kann, letztlich sind es die Freunde, männlichen Verwandten, engen Bekannten und wichtigen Bürokollegen, die den Rang eines Mannes bestimmen, die seine Existenz sichern oder beeinträchtigen können.
Wobei es Männern zupaß kommt, eindeutigen Rang zugewiesen zu bekommen: Mehr als Frauen, fand Phyllis Chesler heraus, lieben Männer klare Abgrenzungen; sie wollen wissen, woran sie sind und wo sie sind – entweder klar oben oder klar unten. Unsicherheiten oder »fließende Strukturen« sind ihnen zuwider.
Männer scheinen das Brandzeichen sowohl zu fürchten als auch zu brauchen.

Nach alldem könnten Sie den Eindruck gewonnen haben, ich hielte Freundschaften unter Männern für Teufelswerk. Das tue ich nicht – auch ich hab Freunde.
Ich versuche nur, Ihnen die zwangsläufigen Folgen herkömmlicher Männerfreundschaften bewußt zu machen, ohne mich denselben Gefahren ganz entziehen zu können.
Die Gefahr ist nämlich auch dann gegeben, wenn's nicht gerade um die Existenz geht. Denn mann will ja was gelten, fesch sein, mann möchte beliebt sein – und zwar beim eigenen Geschlecht.
Das Liebebedürfnis des Mannes gilt dem Geschlecht, das er mit Recht für das einflußreichere, mit Eigensinn für das bedeutendere, mit Eigenliebe für das bessere hält. Er schätzt es, von Frauen geliebt zu werden, aber er könnte es nicht verwinden, bei Männern nicht beliebt zu sein.

Denn bei Männern nicht beliebt zu sein, heißt, anders zu sein als diese (erinnern Sie sich bitte nochmals an den »Brauch«). Wen Männer nicht schmecken können, der riecht nicht so wie sie. Der steht außerhalb des Rudels. Dem werden daher die Zähne gezeigt — ein Schutz- und Abwehr-Mechanismus, der mittels zweier Möglichkeiten funktioniert: Der Anrüchige wird entweder das Objekt für Bisse oder für Witze, er wird entweder angefletscht oder ausgelacht.

Es ist ein Kennzeichen männergesellschaftlichen Brauchs, daß Outsider so oder so erledigt werden — erledigt werden müssen, um die Insider als solche zu bestätigen.

Nur wer Minderheiten attackiert oder dem Hohngelächter preisgibt, demonstriert überzeugend, daß er zur Mehrheit gehört. Homosxuelle sind keine echten Männer, sagen echte Männer und erzählen Witze über Homosexuelle, um nur ja nicht in den schandbaren Ruch zu geraten, homosexuell und damit kein echter Mann mehr zu sein.

Die meisten Witze, die Männer erzählen, haben Frauen zum Gegenstand der Pointe: Obgleich Männer nie in die Gefahr kommen könnten, mit Frauen verwechselt zu werden, bevorzugen sie diese als Witzobjekt, um klarzustellen, daß sie sich mit weiblichem Gedankengut nie und nimmer identifizieren würden.

Das Kenzeichen dieses Brauchs verblaßt auch nicht, wenn es um frauenfreundliche, aufgeklärte — Sie würden sagen: emanzipierte — Männer geht.

Denn ein Mann, der seine Frau liebt wie sich selbst, ist von vornherein ein »Simandl« (Männchen). Wenn er sie noch dazu so behandelt, wie er von ihr behandelt werden möchte, ist er ein »Pantoffelheld«. Das aber heißt: Männer, die nicht unter dem Pantoffel stehen, sind demnach keine Pantoffelhelden, sondern nur Helden. Sprache demaskiert.

Kein Wunder, daß unter uns das Waschlappen-Syndrom umgeht: Wer nicht Herr seines Weibes ist, ist kein Mann.

Ehe wir weiterforschen, warum sich ein Mann so an Freunde klammert und Freundschaften so hochhält, sollten wir noch einmal prüfen, was ein Mann angeblich ist.

Wir bedienen uns zu diesem Behufe einer Umfrage des amerikanischen Harris-Institutes, das laut Julius Fast 3000 Frauen gefragt hat, »was einen Mann zum Mann macht«. Die Frage war nicht, wie ein Mann beschaffen sein sollte, sondern, was ihn charakterisiere.

29 Prozent der Frauen nannten als wesentlichstes Merkmal eine »starke Persönlichkeit«, ergänzend, die Fähigkeit, den Belastungen

des Lebens standzuhalten, ohne zu klagen. 24 Prozent meinten, zu einem Mann gehörten Beziehungen zu einer Frau. 19 Prozent schrieben dem Mann Vitalität und Lebenshunger zu. Zehn Prozent glaubten, ein Mann werde durch ein gutes Verhältnis zu den Kindern zum Mann, neun Prozent nannten körperliche Eigenschaften (»gute Figur«, »Körperkraft«), ebenfalls neun Prozent nannten »Egoismus« als Eigenschaft – und nicht mehr als drei Prozent waren bereit, dem Mann Kreativität, Sensibilität und Großzügigkeit zuzustehen.

Wenn wir alle ehrwürdigen Merkmale (von starker Persönlichkeit bis zum guten Verhältnis zu Kindern) ebenso beiseite wischen wie alle beschämenden Atteste (daß nur drei von hundert Frauen den Mann für großzügig oder sensibel halten), und versuchen, aus dem Ergebnis eine dominierende Aussage herauszufiltern, dann kommen wir zu dem Schluß, daß Frauen männliches Verhalten als ein vornehmlich expansives beschreiben.

Denn der Löwenanteil dessen, »was einen Mann zum Mann macht«, ist offensichtlich auf Stärke, Kraft, Hunger, Egoismus aufgebaut, ist demnach offensichtlich aggressiv und signalisiert Einsatzfreude, was psychologisch nicht viel anderes ist als Kampfbereitschaft.

Diesen Löwenanteil versuchen mannstolle Verhaltensforscher seit geraumer Weile damit zu begründen, daß der Mann eben der Nachfahre des urweltlichen Jägers sei, der sich mit anderen Jägern zusammentun mußte, wenn er erfolgreich jagen wollte und der aggressiv sein mußte, wenn er genug Beute machen wollte.

Doch abgesehen davon, daß wir schon wissen, was wir vom alten Jäger zu halten haben, halte ich auch von der angeblich vererbten Gruppen-Therapie nicht viel. Denn Jagdgemeinschaften erfüllen immer nur eine Funktion und lösen sich auf, sobald die Jagd vorüber ist. Nur Schutzgemeinschaften sind relativ beständig. Sie dienen auch keinem akuten Angriffsbedürfnis, sondern einem latenten Abwehrbedürfnis. Sie sollen bewahren, nicht erobern. (Und selbst die urweltlichen Jagdgemeinschaften waren keine Zusammenschlüsse tollkühner, selbstsicherer Draufgänger, sondern Rotten ängstlicher Männer, die, schlecht ausgerüstet wie sie waren, mit Recht die wilden Tiere fürchteten.)

Die ständigen Stammtisch-Runden aber, die Männer-Klubs, zu denen Frauen keinen Zugang haben, dienen keineswegs, nicht einmal symbolisch, dem Waidwerk; die Geheimbünde, zu denen sich Männer (niemals aber Frauen) zusammengetan haben, dienen keinesfalls der Nahrungsbeschaffung. Sondern dazu, uneroberbare Reservate zu schaffen. Sie sind Angstgemeinschaften eines Geschlechts, welches

das andere fern von sich und das eigene unter Beobachtung halten will. Der Hang, sich zu Gruppen zu ballen, stammt gewiß von alters her — nur mit Tapferkeit hat er nichts zu tun.
Doch nicht nur Männer-Zirkel sind Angstgemeinschaften, sondern, auf ihren Kern reduziert, auch die Männerfreundschaften.
»Männer werden von einer wortlosen Angst vor anderen Männern aufgefressen«, schreibt Phyllis Chesler.
Diese Angst erfordert einerseits ständige Erkundungstouren, wie weit man von Mann zu Mann gehen dürfe, um noch sicher zu sein, und anderseits ständige Bekundungen, dem Mannestum weiterhin treu ergeben zu sein.
Beide Erfordernisse erfüllen Männer mit rührender Präzision. Ihre Demutsgeste ist ihre Bereitschaft, ihre Frauen in deren Abwesenheit in Anwesenheit anderer Männer herabzusetzen; ihr Unterwerfungssignal ist ihre Neigung, anderer Männer Kritik an ihrer Frau bestätigend hinzunehmen; ihren Willen zur Hingabe markieren sie mittels ausschweifender Erzählungen genitaler Triumphe, die sie bei anderen Frauen gefeiert hätten.
Der Mann präsentiert sich als Mann, das heißt, als makelloser Heros: »Wenn der Mann sich mit seiner Rolle identifiziert«, schreibt Hazel E. Hazel, »sind Fehler, Launen und blinde Flecken nicht erlaubt.« Sie würden auch nicht sonderlich honoriert: Denn im Versehrten-Verein gibt nur der den Ton an, den die andern für kerngesund halten.
Die Vernunft-Freundschaft zwischen Männern hat einiges für sich, weil sie einiges unter den Tisch kehrt, was gegen sie spräche: »Während all den erzieherischen, ... gesetzesentwerfenden Männern ganz klar scheint, daß sich die Frau nun emanzipieren soll«, schreibt Hazel E. Hazel, »ist die Einsicht in die hierzu notwendige Emanzipation der Männer noch nicht sehr verbreitet. Er bleibt in seiner Rolle stecken und kann vor lauter Angst und Wundern diese Bewegung nicht auf sich beziehen.«
Lohn der Angst: »Des Mannes einst deklarierte Selbstverwirklichung hat ihn nicht klüger, erlebnisfähiger, genüßlicher, freundlicher, freier, lustiger, unabhängiger oder gar humaner gemacht.« Das war auch, glaube ich, nicht möglich — solange er nicht vorhatte, sich von den alten Mythen zu emanzipieren.
Denn das Ausschlaggebende der männlichen Selbsteinschätzung ist ja, daß ihr Bezugspunkt bei sich selbst vorgetäuscht wird und bei anderen Männern liegt.
Infolge der bereits erworbenen Erkenntnisse über den Verlauf der tatsächlichen Menschheitsgeschichte könnne wir diese Unsicherheit

auch erklären: Im Wesen des Mannes macht sich ein Unbehagen breit, das von einer Ahnung der grauen Vorzeit herrühren mag. Etwas sagt ihm, daß er die falsche Rolle spielt; daß er mit Unrecht eine Position in der Gesellschaft einnimmt, die ihm nicht ganz zusteht.

Er spürt, daß er dazu gezwungen ist, dauernd mit einem miesen Blatt zu pokern — und blufft; durch beharrliches Erhöhen des Einsatzes verhindert er, daß die Karten aufgedeckt werden — aber er wittert, daß er nicht ewig bluffen können wird, daß die Karten irgendwann offen auf dem Tisch liegen werden.

Ein zwar verkümmerter, aber nicht ganz verloren gegangener Instinkt mahnt den Mann zu einer Vorsicht, die rational durch nichts zu begründen wäre, die nicht angebracht wäre, wenn er wirklich der Erlesenere wäre.

Sie können diese Theorie natürlich für Humbug halten — aber was sonst ist schuld daran, wenn ein verständiger Mann sich Mühe gibt, alle Tatbestände eines Tölpels zu erfüllen, sobald sich nur ein zweiter Mann innerhalb der Bannmeile der gegenseitigen Beeinflussung befindet?

Was außer tief verwurzelter Angst verursacht sonst, daß Männer in Gegenwart ihrer Freunde prahlen, saufen und Frauen denunzieren nach bester Feldwebelart? Was außer dem Gefühl der eigenen Unsicherheit ist es sonst, das bewirkt, daß sich so gut wie jeder Mann in der Gesellschaft von Männern wohler fühlt?

Das kann, so glaube ich, doch nicht der klare Ausdruck eines Instinktes sein, der einem eingibt, daß man der Stärkere, der Überlegene ist, daß Frauen nur Gottes zweite Garnitur sind.

Denn Stärkere beginnen doch nicht, erst in Abwesenheit der Schwächeren über die Schwächeren herzuziehen und fangen auch nicht an, erst in numerischer Überlegenheit ihre wesentlichen Eigenheiten zu enthüllen. Denn eben das, was Männer so gern ihren Frauen unterstellen, »daß Geschöpfe, die nicht zum männlichen Geschlecht zählen, über sie tratschen oder lachen« (Chesler), tun sie selber am liebsten. Doch wenn dies Merkmale von Souveränität sind, dann muß es künftig heißen: Wenn die Maus aus dem Haus ist, tanzen die Katzen auf dem Tisch.

Die Angst des Mannes vor andern Männern ist auch deswegen so stabil, weil er ständig vor Augen hat, was ihm im Nichterfüllungsfall seiner Verpflichtungen passiert.

Die Angst wäre, wenn er's nicht wüßte, vielleicht größer, vielleicht kleiner, aber sie wäre vermutlich variabel. So aber ist sie konstant. Denn der Mann weiß, daß er im Falle seines Versagens, des Ausgestoßenwerdens aus dem Rudel der Männer nicht nur nicht mehr wie ein Mann behandelt wird, sondern daß er wie eine Frau behandelt werden wird.

Das aber bedeutet, daß er aus dem Kreis der *matchwinner* ausscheidet, daß er jedweden möglichen Führungsanspruch aufgeben muß, daß er sich aus dem Kopf schlagen kann, irgendwann irgendwo Erster zu werden.

Und das heißt für ihn, daß sein Los aus dem Glückstopf entfernt wird. Nicht nur die nächste Ziehung findet ohne dieses statt, sondern jede weitere. Er hat sein Los verwirkt.

Der Mann ist aber dazu erzogen worden, Erster zu werden. Es ist nicht so, daß er's nicht gewöhnt wäre, zufriedener Zweiter zu sein, daß er's nicht übers Herz brächte, sich mit der Rolle des Stichwortbringers abzufinden. Sondern er ist nicht darauf programmiert.

Für ihn ist ein Lebensfilm, in dem er die zweite Besetzung spielt, kein schlechter Film, sondern einfach ein anderer Film: Zu diesem Film hat er das Drehbuch nie bekommen. Infolgedessen hat er auch die dafür erforderliche Rolle nie gelernt. Von seinen ersten Eindrükken dieser Welt her ist er darauf programmiert, Anführer zu sein, weil er Mann ist. Er soll der Star sein und nicht die Kulisse. Er ist nicht Baskerville, sondern der Hund.

Immer schon hat man ihm gesagt, es gälte einst für ihn, »anzukommen«. Um anzukommen, muß man weggehen, irgendwohin gehen. Das tut der Mann denn auch, er geht, wir wissen es, hinaus ins feindliche Leben. Denn dieses Leben da draußen, so wurde ihm versichert, ist seine Welt. Nicht die Welt der Frau. Er ist es, der draußen den Erfolg haben muß, der Karriere machen muß.

Und deshalb ist es ihm viel wichtiger als der Frau – jedenfalls als der dressierten Frau –, in den Augen derer, die sein Lebensziel, seinen ganzen Lebenszweck – die Karriere – mit beeinflussen, gut dazustehen, bei ihren Urteilen über ihn gut abzuschneiden.

Viele Männer wären vielleicht liebend gern Zweite – aber sie haben es nicht gelernt. Sie haben nur artig gelernt, daß die Ziele der Frau nach innen gerichtet sind auf die relativ kleinere Zelle der Familie, und daß ihre Ziele nach außen gerichtet sind – zu sein haben.

Die kleinen, inneren, menschlichen Beziehungen haben den Mann im Grunde gar nicht zu interessieren – weshalb denn auch die zwischenmenschlichen Beziehungen sich bis heute nicht wesentlich von wölfischem Gehabe abgehoben haben. Sie obliegen der Frau, der ja sowieso der Kopf für das Abstrakte, für die großen Zusammenhänge fehlt (vermutlich ist er nur dazu da, damit Männer was zum Küssen haben).

Weil der Mann darauf abgestimmt ist, seine Chancen außer Haus zu wähnen, ist er von den Zweibeinern, die ihm dort unterkommen, abhängig. Denn seine Welt ist zunehmend nicht nur eine arbeitsteilige, sondern auch eine erfolgsteilige: Keiner kann mehr aus eigener Kraft das werden, was er werden will.

Der Mann merkt diese Schwäche, auf die ihn zunächst niemand aufmerksam gemacht hat, verblüfft und verängstigt.

Erst nach und nach lernt er, sich zu arrangieren. Er beherzigt dieselben Regeln wie seine ihm (warum auch immer) nahe stehenden Geschlechtsgenossen, er nennt dieselben Dinge »Siege« und dieselben Sachen »Niederlagen«, er freut sich über dasselbe wie diese und er sorgt sich um dasselbe wie diese.

Und in dem Maße, in dem er erlebt, wie er akzeptiert wird und wie es ihm daraufhin ergeht, erlebt er auch, wie es den nicht Akzeptierten ergeht. Es geht ihnen nicht unbedingt schlechter, es ergeht ihnen anders. Es ergeht ihnen so, daß sie nicht damit fertigwerden. Womit für unseren Mann die Würfel gefallen sind: alles, nur das nicht.

Es ist nicht so sehr die Parallelität der Vorlieben, die das Wesen der Männerfreundschaften bestimmt, sondern die Parallelität der Ängste: Das kann von den vordergründigen (finanziellen) bis zu den hintergründigen (existentiellen) reichen. Doch während diese Freundschaften zunächst einmal Schutz vor anderen einflußreichen Lebewesen (Männern) garantieren sollen, schaffen sie allmählich neue Abhängigkeiten, neue stillschweigende Übereinkommen, neue Ängste.

Unsere besten Freunde werden die zuverlässigsten Feinde unserer persönlichen Entwicklung.

Doch wenn wir uns unserer Schwächen nicht bewußt werden, wenn wir unsere Furcht nicht überwinden können, laufen wir Gefahr, diese unsere Entwicklung veröden zu lassen.

Wir werden abergläubische Hinterwäldler bleiben, die sich auf Galilei berufen, um nach den Erleuchtungen des Ptolemäus zu handeln.

La donna mobile?

Viele Freunde sind der Frauen Tod. Wer auch nur einen Funken für Frauen übrig hat, begegne, wie wir aus dem vorigen Kapitel gelernt haben, seinen männlichen Freunden mit jener Unbekümmertheit, wie sie sich um Umgang mit Schlangen seit langem bewährt und darum eingebürgert hat. Denn das vermeintliche Gütesiegel der Freunde konserviert erst das Vorurteil und bewirkt, daß die Mumie noch ganz lebendig aussieht.

Wir haben schon in früheren Kapiteln männliche Vorurteile und deren jämmerliches Ende beschrieben, doch das waren vergleichsweise plumpe Kreaturen, die leicht zu erlegen waren. Diesmal wollen wir uns auf die Lauer legen, um ein paar besonders zählebige Monster auszurotten. Diese sind deshalb so schwer zur Strecke zu bringen, weil sie nicht nur von Männern, sondern nicht selten auch von Frauen ständig neue Nahrung erhalten.

Die Ursachen für die Fütterung liegen darin, daß nicht wenige Frauen und alle Männer auf Dinge schwören, die in den beiden vorangegangenen Kapiteln erörtert worden sind — weshalb wir diesen Sauriern auch erst jetzt zu Leibe rücken können.

Die gewissermaßen differenzierten Vorurteile laufen alle auf eins hinaus: Frauen sind für die große Welt der Erwerbstätigkeit schlechter geeignet als Männer, weshalb sie gut daran tun, sich um den Haushalt zu scheren.

Im einzelnen lauten sie: Erstens finden Frauen den Haushalt nicht so schrecklich, wie man glauben macht. Zweitens können Frauen auf unterschiedliche Bedingungen, wie sie in der Marktwirtschaft oft vorkommen, nicht rasch genug reagieren. Drittens haben Frauen ein Hirn wie ein Sieb und können sich nicht genug merken. Viertens handeln Frauen zu hastig und dem Gefühl nach. Fünftens sind Frauen leichter zu beeinflussen als Männer. Sechstens sind Frauen subjektiver.

Das erste Vorurteil ist zwar, meinen »Testmännern« zufolge, ein relativ diffuses, kann sich aber seit einigen Jahren auf eine vielzitierte und immerhin statistisch relevante Umfrage in der BRD stützen, die 1973 von der Gießener Professorin für Soziologie, Helge Pross, im Auftrag der deutschen Frauenzeitschrift »Brigitte« durchgeführt worden ist.
Offizielles Ergebnis dieser Umfrage »Nichterwerbstätige Ehefrauen in der BRD« war, wenn ich recht informiert bin, daß die westdeutschen Hausfrauen ihre Lage für so übel nicht hielten und daß Kritik am Hausfrauenstand wohl nur von einer Minderheit geübt werde.
Renate Stefan [13] hat der Hausfrauen-Report allerdings nicht ruhen lassen. Sie kam zu dem Schluß, daß die wirklichen Aussagen der befragten Hausfrauen sehr wohl die Meinung rechtfertigten, daß Hausfrauen ihr Los für schlimm halten.
So meinten zu der Behauptung (Frage 76), »die Arbeit der Hausfrau und Mutter ist sehr einförmig«, 37 Prozent der Frauen, dies sei »zutreffend«, 20 Prozent, dies sei »teils zutreffend«, sechs Prozent, es sei »teils unzutreffend« und 36 Prozent, es sei »unzutreffend«. Wenn Sie jetzt die »zutreffenden«, »teils zutreffenden« und »teils unzutreffenden« (was ist schon »teils«?) Prozente addieren, dann werden Sie wie Frau Stefan denken.
Aber so »einförmig« das Dasein auch sein mag, es wird ja vom Mann geteilt. Denn auf die Frage, »Hilft Ihnen Ihr Mann bei der Hausarbeit?«, sagten nur 38 Prozent »nie«.
Erst, als konkreter gefragt wurde: »Bei welchen der folgenden Hausarbeiten hilft Ihnen Ihr Mann?« rückten 48 Prozent mit der Wahrheit heraus: »Mann hilft nicht«.
Ebenso verschwommen wurde in der Umfrage abgehandelt, ob die Frauen gern Hausfrauen geworden seien. Auf die Frage 108: »Haben Sie Ihre Berufstätigkeit gern aufgegeben?« sagten 44 Prozent »Ja« und immerhin noch 24 Prozent »teils-teils« (kein »teils« wird erklärt). Aber, fand Frau Stefan heraus, noch auf die Frage 107, »Warum haben Sie Ihre Berufstätigkeit aufgegeben?«, antworteten nur elf Prozent: »Wollte nur Hausfrau sein«. Die Mehrzahl berief sich auf Kinder, Wunsch des Mannes und auf die Heirat.
Das alles scheint nicht hundertprozentig dafür zu sprechen, daß Nur-Hausfrauen nur Hausfrauen sein wollen. Aber: Sind Frauen nicht kleinkariert? Sind sie fürs Erwerbsleben überhaupt geschaffen?
Die folgenden Urviecher männlich/weiblicher Vorstellungswelt haben Claire und Frank Wesley gestellt.
Über die Reaktionsfähigkeit der Frauen: 1976 wurde an Säuglingen

ein Versuch unternommen; sie mußten an präparierten Fläschchen saugen, wobei dann eine Lampe aufleuchtete, wenn sich die Saugleistung steigerte. Zuvor war eine Saugleistung von 38mal in zwei Minuten gemessen worden. Als die weiblichen Säuglinge den Zusammenhang zwischen Saugen und Belohnung (Aufleuchten) erkannt hatten, steigerte sich ihre Leistung auf 56mal pro zwei Minuten; den männlichen Säuglingen ging kein Licht auf — ihre Leistung blieb gleich.

Über das Gedächtnis der Frauen: Mittels Dias wurde eine Anzahl Wörter auf eine Leinwand projiziert. Von 20 Wörtern konnten Frauen sich im Schnitt 7,6, Männer nur 7,3 merken. Von 20 auf Tonband gesprochenen Wörtern merkten sich Frauen 7, Männer 4.

Über die Handlungsweise der Frauen: Frauen und Männern wurden je ein Musterbild und dann andere Bilder gezeigt. Es galt, jenes Bild davon herauszufinden, welches dem Musterbild entsprach. Frauen erzielten dabei nicht nur eine höhere Trefferquote als Männer, sie nützten auch ihre Bedenkzeit besser aus — sie überlegten reiflicher, während die Männer vorschnell handelten.

Über die Beeinflußbarkeit der Frauen: Männer und Frauen waren aufgefordert, eine Zeitlang einen bestimmten Hebel zu drücken. Zuvor schmierte man ihnen eine (nutzlose) Salbe auf den Arm, die angeblich imstande wäre, eine Ermüdung der Muskeln zu verhindern. Eine Kontrollgruppe von Frauen und Männern mußte den Hebel gleich lang ohne Salbe drücken. Die Männer, die die Salbe bekommen hatten, drückten kräftiger als die Männer ohne Salbe und behaupteten nachher, sich weniger müde zu fühlen als ihre ungesalbten Kollegen. Bei den Frauen gab es überhaupt keinen Unterschied der Reaktionen.

Über die Subjektivität der Frauen: Harriet Mischel legte 1974 amerikanischen College-Studenten Artikel vor, die von »John R. Simpson« verfaßt waren und sich mit Jura, Stadtplanung, Pädagogik und Ernährungswissenschaft auseinandersetzten. Einer anderen Gruppe wurden die nämlichen Artikel vorgelegt, für die eine »Joan R. Simpson« zeichnete. Die Artikel über Jus und Stadtplanung des »männlichen« Autors wurden höher bewertet als »seine« beiden anderen. Von der »Autorin« wurde der Artikel über Ernährung hochgeschätzt, der Artikel über Pädagogik noch günstig bewertet, der Rest abgetan.

Aber die (erfreuliche) Pointe kommt erst: Als Harriet Mischel ihr Experiment in Israel wiederholte, zeigten die dortigen Studenten keinerlei Fach-Geschlechts-Präferenz. Das Vorurteil war tot.

Bei uns ist es noch wohlauf, weil es auf sein muß: Denn wenn die Frauen nicht unbegabter dazu sind, haargenau das gleiche zu machen wie unsereins, was hinderte sie daran? Wenn sie objektiv und gedächtnisstark, bedächtig und doch reaktionsschnell handeln können – was soll dann noch schuld dran sein, daß sie's nicht längst alle zu was gebracht haben in der Wirtschaft?
Fielen die Vorurteile weg, fielen manche männlichen Fixsterne vom Himmel. Einer ist ja schon voriges Jahr gefallen. In seiner Ausgabe 25/1978 meldete der »stern« trocken: »Frauen fahren besser«. Ein umfassender Test hatte ergeben, daß die alte Männerweisheit, nach der Frauen am Volant gefährlich und hilflos sind, sich zur verdienten Ruhe begeben kann. Denn Frauen scheinen bessere Autofahrer zu sein: Sie fahren nicht langsamer als Männer, sie schalten besser, sie reagieren auf kritische Situationen besser (sie nehmen Gas weg, Männer geben Gas dazu), sie fahren nicht so dicht auf und sie halten auch die genauere Spur.
Aber der Verkehr auf den Straßen ist nicht der einzige, in dem Sie sich weniger zurecht finden als Frauen.

Was Sie immer schon über Sex wußten

Ehe Sie, als allmählich geschulter Leser dieses Buches, sich der verhängnisvollen Idee hingeben, Sie würden nach der Lektüre dieses Kapitels über weibliche Sexualität Bescheid wissen, möchte ich eine nicht unerhebliche Bemerkung vorausschicken.
Kein Mann kann über die sexuellen Empfindungen der Frau wirklich Bescheid wissen. Männer können sich darüber informieren, was Frauen über Sex sagen und dies beherzigen — mehr ist nicht drin.
Aber auch nicht weniger: Frauen zu fragen, was Männer falsch machen und was Männer besser machen sollten, scheint mir auf altmodische Art immer noch am verläßlichsten zu sein.
Ich kann mir allerdings vorstellen, daß Ihnen dieser Gedanke weit hergeholt vorkommen mag, denn schließlich liest man's in den Männermagazinen und Sexfibeln ganz anders.
Dort kommt klar zum Ausdruck, daß Sex eine teils sportliche, teils technische Disziplin ist wie Motorbootfahren oder Tontaubenschießen, daß Sex und Liebe zwei verschiedene Welten sind und daß Sinnlichkeit mit den fünf Sinnen, wie schon der Name sagt, nicht das geringste zu tun hat. Und im übrigen könne sich ohnedies jeder Mann vorstellen, was eine Frau von ihm erwarte. Die Sexratgeber gliedern sich in drei gleich autoritäre Gruppen:
Die weitaus größte ist in einem Stil geschrieben, der heftig an die Sportberichterstattung der Tagespresse erinnert: Da gibt's ein Aufbau-Training und Kurzprogramme, flankierende Übungen und Lokkerungsübungen, da gibt's Extra-Massagen und Spezialtechniken — und man wird den Eindruck nicht los, Sex diene eher der Gewichts- denn der Partnerschafts-Regulierung. Denn ehe Sex langweilig wird, müssen hurtig neue Stellungen und Griffe ausprobiert werden (man wechselt ja auch von Zeit zu Zeit das Auto). Trotz ihres von aller Sinnlichkeit entkleideten Vokabulars wären Bücher dieser Art immer

noch lesbar, würden nicht beiläufige Sätze wie »Jeder zweite Mann bestätigt, es mit dieser Technik dreimal hintereinander zu schaffen« dem unvorbereiteten Leser den kalten Schweiß auf die Stirn treiben. Die zweite Gruppe scheint ihren Anspruch, auf jeden Fall nonkonformistisch sein zu müssen, nicht anders verwirklichen zu können, als alles spießbürgerlich zu nennen, was sich der durchschnittliche Leser so ausmalt: Ein Liebesakt zwischen einer Frau und einem Mann, die keine Spezialwäsche tragen, ein Bett benützen und auch noch miteinander verheiratet sind, scheint ins Reich der bürgerlichen Perversionen zu gehören.

Die dritte Gruppe dient, gelinde gesagt, der offenkundigen Anregung des Lesers; so verdienstvoll diese Absicht wäre, so verschleiert wird sie oft: Unter dem Deckmantel wissenschaftlicher Ergüsse sollen solche anderer Art provoziert werden.

Nun wäre, wie gesagt, gegen keinen dieser Schmöker irgendwas einzuwenden, würden sie nicht dem Leser einreden wollen,

— daß sie allgemein gültige Ratschläge erteilen, deren Befolgung sexuelles Glück bis zum Totenbett garantiert,

— und daß es jedermann möglich ist, seinem Partner den Sex-Himmel auf Erden zu bescheren.

Was sie nicht sagen, ist,

— daß in Wahrheit »weder der Mann imstande ist, der Frau einen Orgasmus zu bereiten noch sie ihm zu einer Ejakulation verhelfen kann« (William H. Masters/Virginia E. Johnson in »Spaß an der Ehe«);

— daß jeder selber danach trachten muß, zu seiner Befriedigung zu kommen, weil »wir auch für niemanden anderen atmen können« (Masters/Johnson), daß dies aber kaum jemand fertigbringen wird, dem nicht Hilfestellung geleistet wird;

— daß daher das oberste Gebot sexueller Betätigung nicht lautet, »nimm dem andern die Verantwortung ab«, sondern: »Antworte auf die Signale des anderen«;

— daß es keine Sex-Regeln gibt, die auch nur auf zwei Menschen des gleichen Geschlechts anwendbar wäre;

— und daß die Hoffnung, durch einen allgemeinen Ratgeber einen neuen Anfang für eine Beziehung zu finden, schon deren Ende bedeutet.

Dazu kommt noch, daß in derlei Leitfäden Neugierde für sexuelle Varianten, nicht aber Interesse für die Sexualität des anderen Geschlechts geweckt wird.

Was zur Folge hat, daß der Mann auch im aufgeklärten Zeitalter

weniger von weiblicher Sexualität weiß als die Frau von der männlichen.
Denn ihre Empfindungen mußten ihn ja die längste Zeit nicht interessieren, während die Frau es sich gar nicht leisten konnte, nicht wenigstens zu ahnen, was sie tun mußte, um dem Herrn gefällig zu sein.
Die Frau mußte wissen, was der Mann unter Lust versteht — er mußte nicht wissen, was die Frau unter Lust versteht; daher weiß er's heute noch nicht.
Es ist natürlich möglich, daß Sie zu den raren Ausnahmen zählen — aber wenn ich meinen »Testmännern« glauben darf, dann halten die meisten Männer dafür, daß »die Frau im Augenblick des Bestiegenwerdens durch einen Mann den größten Triumph über andere Frauen verspürt«; daß »Sex den urtümlichen Instinkt der Frau befriedigt, nützlich zu sein«; daß »die Frau ihre passive Rolle genießt«; und daß weibliche Aktivität gar nicht gut ist für den Mann: »Psychiater berichten von steigender Impotenz bei Männern — häufig wird sie mit der Frauenbewegung in Zusammenhang gebracht« (»Der Spiegel«).
Es geht noch diametraler: Die Männer gliedern sich mühelos in zwei gleich große Gruppen, deren eine glaubt, Frauen seien sexuell unersättlich, und deren andere davon überzeugt ist, Frauen seien an Sex weniger interessiert. Ich halte beide Ansichten für kaum verhohlene Schutz-Mechanismen derselben Schwäche — der Angst vor Impotenz. Ein Mann, der einer »sexuell unersättlichen« Frau nicht gerecht werden kann, darf sich guten Gewissens einreden, daß nicht er, sondern sie abnorm veranlagt sei und daß er daher noch lange kein Schwächling sei.
Und ein Mann, der nicht oft Lust auf Sex hat, darf sich getrost sagen, daß er eben ein mitfühlender, nobler Kavalier sei, der sich nicht ständig wie ein wildes Tier auf die zarte Gefährtin stürze.
»Unersättlich« ist ja schon ein erkennbar negatives Wort, das eigentlich Unmenschliches signalisieren soll.
Tatsächlich scheinen Frauen etwas häufiger zu wollen als Männer: Harvey E. Kaye berichtet von einer Umfrage unter amerikanischen Studentinnen, die ergab, daß ein Viertel mit der Häufigkeit des Geschlechtsverkehrs unzufrieden wäre.
Das hätte natürlich noch nicht fleischliche Gier bedeuten müssen, aber den Männern blieb es vorbehalten, natürliche Regungen zu verkünsteln: In ihrer traumwandlerischen Unsicherheit, ob nicht doch sie es sind, denen der sexte Sinn fehlt, haben sie angefangen, die Frauen zu dämonisieren.

Der alte Trick des Dämonisierens ist das Produkt einer alten Angst: Weil die primären Geschlechtsorgane der Frau nicht sichtbar anzeigen, ob sie zum Sex bereit ist oder nicht, vermutet der Mann neidisch und verzagt, die Frau sei jederzeit zum Sex bereit — und das ist ihm in tiefster Seele unheimlich.
Und die dadurch für den Mann offensichtlich gewordene, aber sofort mühsam übertünchte Diskrepanz zwischen der natürlichen und womöglich tatsächlichen Aktivität der Frau und ihrer künstlichen und tatsachenwidrigen Passivität erhärtet noch den Panzer seiner Vorurteile. Eben weil man ihm gesagt hat, die Frau sei passiv und eher desinteressiert, erschreckt ihn bis ins Mark, daß die Frau, die er kennt, gar nicht so ist.
Männliche Angst bleibt weiterhin der Schlüssel für männliches Denken über weibliche Sexualität: Frauen können, herrje, mehr als einen Orgasmus haben, also reiß dich zusammen, denn ein lumpiger allein wird ihr nicht genügen; Frauen brauchen länger, bis sie zum Höhepunkt kommen, also halte um Gottes Willen durch, sonst wird sie dich verachten; Frauen können mit nichts so voll befriedigt werden wie mit dem Glied des Mannes, also sorge, verdammt noch mal, dafür, daß deine Maschine startbereit ist, sonst wird sie dich auspfeifen.
Frauen glauben häufig, das Verhalten des Mannes beruhe auf Bosheit oder Haß, auf dem, was ein paar brüchige Männer-Imitatoren zum »Killer-Instinkt« hochgejubelt haben. Ich glaube dagegen, daß das Verhalten des Mannes auf Angst beruht.

Darauf beruht auch die männliche Hoffnung, daß Frauen Spaß macht, was Männern Spaß macht. Doch »jeder Partner«, mahnen Masters/Johnson, »muß den anderen als oberste Autorität in bezug auf dessen eigene Gefühle anerkennen.« Wie sehen diese Gefühle also aus?
Selbstbefriedigung, seit Freud von Männern als pubertäre Entgleisung abgetan, finden, dem »Hite-Report« nach zu urteilen, die Frauen meistens körperlich erfüllend, psychisch nicht immer. (Manche Frauen halten sich dabei für »einsam« oder »selbstsüchtig«.) Manche Frauen haben zwar ein »Schuldgefühl überwunden«, aber, wohltuend für Männeraugen, viele finden, Masturbation sei »kein Ersatz für die Liebe und Zärtlichkeit eines Mannes.«
Das erste, was wir also aus den Resultaten der umfassenden Studie Shere Hites (der wir uns auch im folgenden bedienen werden) filtern können, ist: Für Frauen ist abstrakter Sex nicht wesentlich attraktiver als Sex, mit dem der Begriff Liebe verknüpft werden kann.

Das zweite ist: Sex ist Zärtlichkeit oder gehört jedenfalls innig damit zusammen.
Die zentrale Empfindung der Frau ist eindeutig der Orgasmus: »Wer jemals gesagt hat«, zitiert Shere Hite eine Frau, »Orgasmus sei für die Frau nicht wichtig, war zweifellos ein Mann.«
Zweiter Kernsatz dazu: Seitdem unter Männern chic ist, zu wissen, daß Frauen einen Orgasmus haben können, »erwarten Männer von Frauen«, daß diese auch einen haben.
Das belastet Frauen während des Geschlechtsverkehrs: Sie empfinden es als »gesellschaftlichen Druck«, einen Orgasmus haben zu müssen, denn sie argwöhnen, daß die Gesellschaft nicht auf die Befriedigung der Frau aus ist, sondern auf die Heiligsprechung des Geschlechtsverkehrs.
Denn beim Geschlechtsakt soll sie ihren Orgasmus haben und nirgendwann sonst. Orgasmus ohne Geschlechtsakt gilt als roh und pervers. Denn Sex hat man mit jemandem zu treiben, Sex hat personbezogen zu sein. Sex, der sich an keinem Individuum orientiert, sondern beispielsweise an einem Gegenstand, gilt als Verwirrung und heißt Fetischismus.
Ehe Sie jetzt glauben, die Frauen wären am liebsten Fetischistinnen (man weiß ja nie), will ich nur klarstellen, daß dem nicht so ist: Die Frauen beklagen nur, daß nicht ihre Befriedigung dem Mann am Herzen zu liegen scheint, sondern der Geschlechtsverkehr als absolutes Lust-Monopol.
Den Orgasmus der Frau schätzt der Mann zwar, weil er ihn als Mann bestätigt, aber er nimmt sein Auftauchen nur lückenhaft wahr: Von 479 befragten Frauen sagten 49, ihr Partner merke »meistens«, wenn sie einen Orgasmus habe, 226 sagten, ihr ständiger Partner merke es, 51 sagten »Ja, weil ich es ihm sage«, die anderen meinten, der Mann merke es fast nie.
Dabei scheint den Frauen Orgasmus ohne Akt nicht nur »intensiver« zu sein, sondern vor allem sicherer: Nur 30 Prozent aller Frauen kommen durch Geschlechtsverkehr regelmäßig zum Orgasmus (bei einem solchen Schnitt hätten Männer den Beischlaf schon abgeschafft). Dennoch wird der Akt »glorifiziert« (Hite), wird die für einen Gutteil der Menschheit unbefriedigendste Art sexueller Betätigung zum Nonplusultra erhoben.
Dafür gibt's, glaubt Shere Hite, drei Ursachen: Über die eine, der nachhaltige Einfluß der Freudschen Lehre, haben wir schon Klarheit gewonnen.
Die zweite ist der Umstand, daß seit Männergedenken erzählt wird,

Sex sei das Mittel zum Zweck der Fortpflanzung. Was mit sich bringt, daß der weibliche Orgasmus wenig Renommee genoß, denn er dient ja, wie wir wissen, nicht der Fortpflanzung. Hite schreibt sogar, daß die Kontraktionen des Uterus beim Verkehr eher eine hinaustreibende als eine einsaugende Wirkung erzielen, den Samen also eher abstoßen als anziehen. Folglich war frauliche Lust dem Mann (und damit der Gesellschaft) herzlich gleichgültig.

Was zählt, ist der Geschlechtsverkehr, denn der – dritte Ursache – spielt im Patriarchat eine entscheidende Rolle. Wenn mann ihn steuern kann.

Das versucht der Mann seit 3000 Jahren: Das sexuelle Ideal für Mann und Frau ist die monogame Geschlechtsbeziehung – jedenfalls für die Frau, die in allen Religionen nur einen Mann haben darf.

Der Mann leitet den Sex in Kanäle, die seiner Befriedigung dienen und seiner Befriedigung dient der Geschlechtsverkehr. Damit nichts anderes aufkommt, wird nichts anderes erlaubt. Damit die Frau nichts anderes ausprobieren kann, hat sie vor der Ehe jungfräulich zu sein und während der Ehe monogam. Wenn sie geschlechtliche Befriedigung erlangen will, kann sie das nur vom eigenen Mann. (Alles andere ist verpönt: Noch vor nicht allzu langer Zeit war jede gleichgeschlechtliche Beziehung strafbar.)

Da die Frau den Sex aber nur durch den Mann haben kann, kann sie ihn auch nur so haben, wie er es will – andres wird sicherheitshalber gleich verboten: Seit jeher haben alle großen Religionen alle anderen sexuellen Spielarten, von Onanie bis Cunnilingus, als Sünde deklariert. Denn nichts davon dient der Reproduktion des Menschen. Um sich reproduzieren zu können, muß der Mann aber die sexuellen Mittel beherrschen.

Es gibt aber noch andere Ursachen für die Forderung, eine Frau müsse bis zur Ehe jungfräulich sein: Kinsey glaubt, sie mache deutlich, wie sehr die Frau im Weltbild des Mannes als Ware betrachtet würde. Der Mann möchte die Ware Frau unbeschädigt erhalten: »Wie das gekaufte Vieh muß auch die Frau vollkommen sein.«

Da ist zwar was dran, aber ich glaube, es gibt für den Wunsch des Mannes nach einer Jungfrau noch zwei – viel naheliegendere und daher vielen Männern wohl fernstehende – Erklärungen.

Die Jungfrau garantiert dem Mann nämlich mit Sicherheit zwei ihm eminent wichtige Dinge: Erstens, daß er insofern der Größte ist, als das Mädchen keinen anderen so liebte, von keinem anderen noch so beeindruckt war, daß sie mit ihm geschlafen hätte. Der Mann ist also, wenigstens für dieses Mädchen, in jedem Sinn des Wortes erste Wahl.

Zweitens hat eine Jungfrau für den Mann einen großen Vorzug: Sie hat keine Vergleichsmöglichkeit, sie kann die Qualität des Mannes als Liebhaber nicht klassifizieren, weil sie noch keine anderen Liebhaber hatte. Der Mann braucht also keine Angst zu haben, ob matter Leistung verhöhnt zu werden.
All das kann der Mann am besten dadurch erreichen, daß er die Generalvertretung für die Befriedigung der Frau übernimmt. Daß er dann dennoch den Mythos von der Unersättlichkeit der Frau in die Welt gesetzt hat, spricht allerdings nicht dafür, daß das Angebot die Nachfrage decken kann.
Doch der Geschlechtsverkehr wird nicht nur glorifiziert, er wird auch mystifiziert: So gilt als erdbebensicher, daß Frauen länger brauchen, um zum Orgasmus zu gelangen. Dem ist aber nicht so.
Die von Shere Hite befragten Frauen äußerten, sie kämen nicht später zum Höhepunkt als der Mann — wenn dem Geschlechtsverkehr ein Vorspiel vorausgehe.
Was offenbar selten genug geschieht. Weil Männer häufiger lieblos sind. Weil die Große Manipulation ihnen vorgegaukelt hat, daß die primären Geschlechtsteile der Frau zum Hineinstoßen, aber nicht zum Herumspielen da sind. Weil Männer kindischerweise glauben, der bloße Anblick und die bloße Berührung des nackten Körpers müßten eine Frau ebenso faszinieren wie einen Mann (obgleich ihnen ein Blick in den Spiegel innere Einsicht verschaffen müßte, und obgleich sie sehen müßten, daß ihre sekundären Geschlechtsmerkmale keinerlei erotische Anziehungskraft haben).
Weil Männer darauf dressiert sind, der Vulva mit Scheu, wenn nicht mit heimlicher Abscheu zu begegnen und sie möglichst nicht mit der Hand zu berühren (wir wissen ja, daß die Vulva auch Freud nicht ganz geheuer war).
Aber obgleich das Vorspiel nicht allzu häufig oder ungenügend stattfindet, schätzen 87 Prozent der Frauen doch den Geschlechtsverkehr (Hite).
Und Claire und Frank Wesley stellen fest: »Die Sorge der modernen Männer wegen des Zeitraums des Orgasmus scheint kaum begründbar« — denn ein Drittel der Frauen hat gleichzeitig Orgasmus wie der Mann, ein Drittel später, aber auch ein Drittel früher.
Wenn wir den nicht ganz abwegigen Fall setzen, daß weniger ängstliche Männer aufmerksamere Liebhaber wären, bleibt die Frage: Was tun?
Übereinstimmend wichtig scheint den Frauen zu sein, daß den Männern klar wird, daß der übliche Vorgang der übelste ist: »Es gibt ein

kurzes Vorspiel, dann Frau auf den Rücken, Mann obendrauf, sie macht die Beine breit, dann das übliche Rums-Bums-danke-Madame.« (»Hite-Report«)
Frauen finden, daß jede Art zärtlicher Berührung Sex sein kann und daß von allen Berührungen das Stimulieren der Klitoris die effektivste ist. Fast die Hälfte aller Frauen (44 Prozent) kriegen schon dabei einen Orgasmus, fast genausoviel durch Cunnilingus.
Empfindsamkeit schadet jedenfalls nicht: »Die zarte Berührung«, sagte eine Frau, »ist besser als die Gorilla-Masche.«
Frauen, die beim Geschlechtsverkehr selbst selten zum Orgasmus kommen, haben die Varianten beschrieben, die ihnen am ehesten zur Befriedigung verhelfen.
Auf die Gefahr hin, der Prinzipienlosigkeit bezichtigt zu werden, möchte ich jene sechs koitalen Varianten zitieren, die Shere Hite destilliert hat:

1. Die Frau liegt oben. (Diese Lage empfehlen Masters/Johnson auch als gut für den Mann.)
2. Aneinanderreiben der Scham-, beziehungsweise der Schamhügelzonen mit wenig Bewegung des Penis.
3. Gegenseitiges Berühren der Schambeine beim Akt.
4. Teilweises Einführen des Penis, keine Bewegung.
5. Häufiges Wiedereinführen des Penis (aus- und einführen.)
6. Ausgedehnte klitorale Vorspiele.

Zu der zunehmenden Angst der Männer vor sexuellem Versagen möchte ich anmerken, daß es kein Zufall sein kann, daß, wie Kaye schreibt, immer mehr Sexkliniken dazu übergehen, der Frau den aktiven Part zuzuschanzen — und daß Sie sich vergegenwärtigen sollten, »daß die meisten sexuellen Ultimaten an Männer von männlichen Autoren« (Masters/Johnson) gestellt wurden.

Wirtschaftswunden

Wir Männer bilden eine Gesellschaft mit beschränkter Hoffnung: Wir haben alle Voraussetzungen dafür geschaffen, daß uns die Frauen im Lebenskampf nicht unterstützen können.
Als begabte Defraudanten unserer Gesundheit haben wir den Frauen zuerst den Boden unter den Füßen und dann das Geld unter den Händen weggezogen.
Als pedantische Kollaborateure des Kreislaufkollapses lassen wir uns keine Chance entgehen, uns das eigene Grab zu schaufeln. Und mehrheitlich sind wir auch noch zu einfältig, dies zu erkennen: Wir sind in wunderliche Phänomene wie Arbeit und Status, Leistung und Erfolg dermaßen verliebt, daß wir uns gegen billiges Entgelt unserem eigenen System prostituieren und nicht merken, daß wir dabei ein Verhältnis mit Jack the Ripper eingehen. Wir sind die einzigen Marionetten, die sich für Drahtzieher halten.
Hilfe ist nicht in Sicht: Die Chimäre, alle Fäden in der Hand zu halten, verhindert die natürliche Ausgleichs- und Rettungs-Funktion eines ganzen Geschlechts.
Aus anerzogener Angst, aus großgezogenem Kleinmut haben wir Männer die Frauen von den existentiellen — den wirtschaftlichen — Bereichen isoliert. Frauen sind von Geburt an schlechtergestellt, von Geburt an benachteiligt, sich die Butter aufs Brot verdienen zu können. Von Rechts wegen gehörten Männer allein dieser Inkaufnahme wegen der fahrlässigen Versklavung angeklagt.
Geschlechtsgebundene Bildung und Ausbildung, geschlechtsgebundene Vorurteile verhindern effektvoll, daß Frauen bessere Posten, bessere Bezahlung, mehr Prestige, mehr Einfluß bekommen können. Ein ebenso von Männern ausgeklügeltes wie für Männer unkluges System zwingt die Frauen in und auf die Knie. Der weibliche Berufsweg ist für gewöhnlich eine Sackgasse: Irgendwo ist Schluß.

Die Heirat macht die Frau für gewöhnlich abhängig, wobei diese Abhängigkeit größer ist, als beide Teile wahrhaben wollen; solange die Ehe funktioniert, funktioniert auch der gut geölte Mechanismus weiblicher Demut (wie wir bereits wissen). Bei ehelicher Insolvenz folgt dem relativen Kassensturz des Mannes der absolute soziale Absturz der Frau.
Daß der Mann mit all seinen Bestrebungen eine potentielle Partnerin zurückweist, kann ihm auch gar nicht so recht bewußt werden, denn nach wie vor wird ja geleugnet,
— daß Frauen wirtschaftlich benachteiligt sind und
— daß Ehefrauen abhängig sind.
Zwar mehren sich die drastischen Hinweise auf die Benachteiligung der Frau in letzter Zeit gewaltig — so hat zum Beispiel erst unlängst die Europäische Gemeinschaft die Bundesrepublik Deutschland vor die Europäische Menschenrechtskommission gebracht, weil die BRD nicht imstande war, generell gleiche Bezahlung für Frau und Mann bei gleicher Leistung zu garantieren —, doch genügen offenbar selbst derlei blamable Indizien noch nicht.
Noch immer muß kleinlich gefragt werden, ob Frauen wirklich gleiche Leistungen zu bringen in der Lage wären; muß kleinlich argumentiert werden, warum dagegen spräche, Frauen zu Führungskräften zu machen.
Eine Studie des Wiener »Instituts für empirische Sozialforschung« vom Dezember 1974 (»Die Rolle der Frau in der Gesellschaft«) zeigt, daß nach wie vor Frauen anders eingeschätzt werden als Männer. Und zwar sowohl von mißtrauischen Männern als auch von folgsamen Frauen.
65 Prozent aller Männer und 59 Prozent aller Frauen glauben, daß die Frau eher nach dem Gefühl, der Mann eher nach dem Verstand handle. Ein Drittel der Männer und ein Fünftel der Frauen glauben, daß die Frau dem Mann untertan sein solle; zwei Drittel aller Befragten meinten, es sei für die Ehe von Übel, wenn die Frau gebildeter sei als der Mann. »Schöpferische Kraft und Produktivität«, »Selbständigkeit« und »Sachlichkeit« werden überwiegend Männern zugesprochen.
Mehr als die Hälfte der Männer und fast die Hälfte der Frauen bevorzugen männliche Chefs — obgleich selbst die Männer glauben, daß männliche Vorgesetzte ungerechter sind und weniger Widerspruch vertragen.
Und obgleich für die Beurteilung weiblicher Chefs weitgehend die Erfahrung fehlt: Denn nur zwei Prozent der Männer haben weibliche

Vorgesetzte. (Arbeiterinnen, die überdurchschnittlich oft Chefinnen haben, urteilen ungleich positiver.)
Doch die Österreicherin gilt ihren Landsleuten nicht nur minder qualifiziert zu führen, sondern offenkundig auch minder qualifiziert zu malochen.
Ein Hilfsarbeiter in der Land- und Forstwirtschaft im östlichen Österreich bekommt pro Stunde 33,48 Schilling – eine Hilfsarbeiterin 30,56. Ein Kellereiarbeiter der Winzergenossenschaft Wien und Niederösterreich verdient 30,20, eine Kellereiarbeiterin 27,20 Schilling. Ein Arbeiter, der in Wien Kunsteis erzeugt, kriegt 40,20 Schilling pro Stunde, eine Arbeiterin 37,90. (Alle Beispiele aus [1].)
Wenn Ihnen diese Exempel zu exklusiv vorkommen, lade ich Sie zu einer kleinen Zahlenparade mit globalen Maßstäben ein.
Zwei Paradoxa möchte ich dabei an die Spitze stellen: Das eine besagt, daß der Anteil weiblicher Führungskräfte in einer Zeit angeblicher Liberalität insgesamt kleiner wurde. Das zweite besagt, daß bessere Bildung offensichtlich nicht vor größerer Diskriminierung schützt: Gebildete Frauen verdienen relativ schlechter (im Vergleich zu den Einkünften gebildeter Männer) als ungebildete.
Ungebildete Frauen verdienen, wie Claire und Frank Wesley ermittelten, etwa 69 Prozent des Verdienstes des Mannes. Aber gebildete Frauen erhalten nur 44 Prozent des Einkommens, das gebildete Männer beziehen (wobei ich nicht weiß, ob die exakten Prozentziffern auf die Industriestaaten oder auf die USA bezogen wurden).
Und selbst um dieses unterschiedliche Einkommen zu beziehen, haben sie selten Gelegenheit: Als beispielsweise einer Gruppe von Bankdirektoren die Bewerbungsschreiben von 49 fiktiven Bewerberinnen um einen leitenden Job geschickt wurden, akzeptierten diese nur 19 Bewerberinnen.
Als den Direktoren – mit denselben Angaben – die Bewerbungen von 44 fiktiven Bewerbern gesandt wurden, akzeptierten sie davon 32 (Wesley).
Wie Renate Stefan schreibt, ergab eine Untersuchung in der BRD unter 3500 Führungskräften, daß erstens die Frauen eindeutig weniger Geld bekommen als die Männer (im Schnitt um 35 Prozent weniger), und daß das Verhältnis führende Frauen zu führende Männer von 2,8 Prozent im Jahr 1969 auf 1,8 Prozent im Jahr 1974 verändert war.
Aber Ungleichheit ist, wie Frau Stefan recherchierte, die Regel: Wenn man die Führungsschicht außer acht läßt, so verdienen die Angestellten in der BRD (eingeteilt in die Klassen II bis V)

– in der Gruppe II: 1581 DM (Frauen), 2009 DM (Männer)
– in der Gruppe II: 1202 DM (Frauen), 1523 DM (Männer)
– in der Gruppe IV: 894 DM (Frauen), 1170 DM (Männer)
– in der Gruppe V: 714 DM (Frauen), 960 DM (Männer) (Stand: 1970).

Die Westdeutschen befinden sich dabei in der guten Gesellschaft aller Industrieländer: Wenn man das Einkommen der Männer, die in der Industrie beschäftigt sind, mit 100 Prozent festsetzt, so beträgt das Einkommen der Frauen in Schweden 83,2 Prozent, in der BRD 70,7 Prozent, in der Schweiz 64,7 Prozent, in Großbritannien 59,3 Prozent und in Japan 47,5 Prozent (Stefan).

Bemäntelt wird diese Methode, Frauen gezielt um die Möglichkeit zu bringen, ebenbürtige Partner zu werden, mit allerlei undeutlichem Gemurmel von größerer weiblicher Unzuverlässigkeit und höheren weiblichen Fehlerquoten.

Niemand untersucht die fachliche Zuverlässigkeit von Leuten, denen auch noch Geld anvertraut wird, und die auf fingierte Schreiben hereinfallen.

Zur einfachsten Erklärung können die Maskulinisten sich nicht aufraffen: Daß das System der unterschiedlichen Bezahlung eben aus einer Zeit herrührt, da die Arbeitskraft dreier Frauen etwa der Arbeitskraft zweier Männer entsprach (Wesley), und daß damals, im vorindustriellen und frühindustriellen Zeitalter tatsächlich gerecht war, der Frau nur zwei Drittel des Lohns zu geben, den der Mann bekam. Heute aber hat diese feine Abstufung völlig ihre Berechtigung verloren und ist bloß noch Schikane im Hindernisrennen der Frau.

Doch wäre es unbillig, den Wirtschaftstreibenden allein die Schuld für frauenfeindliche Konditionen in die Schuhe zu schieben – ihre natürlichen Kontrahenten, die »Vertreter der Arbeitnehmer«, ziehen bisweilen am selben Strang, der den Frauen die Kehle zuschnürt. Österreichs Gewerkschaftsbund läßt zu, daß der Kollektivvertrag für Sparkassenangestellte vorsieht, daß Männer nach zehn Jahren eine definitive Anstellung erreichen können, Frauen aber erst nach zwanzig Dienstjahren [1].

Doch mögen Frauen in den Industrieländern auch beim Arbeiten benachteiligt sein – erst, wenn sie sich dazu entschlossen haben, Hausfrau zu werden, haben sie den Schritt von der relativen zur absoluten Abhängigkeit vollzogen, sind sie die Stufe von der Geächteten zur Leibeigenen hinabgestiegen.

Die Ehefrau mit Kindern ist paralysiert: Sie ist nicht in der Lage, ihre Kinder und sich selbst zu erhalten und ist folglich prädestiniertes

Objekt für die Ausbeutung durch den Ehemann; sie muß sein Wohlwollen erhalten, in dem sie seinem Wohl hinterherhechelt; sie hat im Falle eines Zwischenfalles entweder den großen Krach samt Scheidung und gesellschaftlichem Abstieg zu gewärtigen oder die inoffizielle Entmündigung.
Wenn ihr erzürnter Mann ihr Aufmucken bestrafen will, kann kein Gesetz der Welt ihn dazu zwingen, sie zu Freunden, Veranstaltungen, ins Kino und Theater, auf Reisen und Parties mitzunehmen: Ihr Heim wird ihre Verwahranstalt.
Solang sie verheiratet ist und nicht nachweisen kann, betrogen oder geschlagen worden zu sein, ist sie macht-, schutz- und rechtlos: Das Gesetz würde ihr jeden Versuch von ihr, den tyrannischen Mann zu verlassen, nachteilig auslegen — und die Gesellschaft hat mittels öffentlicher Meinung etwaigen Fluchtversuchen ohnehin einen Riegel vorgeschoben.
Druck kann sie auf ihren Mann nicht ausüben, denn: »Wer zahlt, schafft an.« Wobei in Wirklichkeit vom Mann gar nicht ausreichend gezahlt wird — denn in Wirklichkeit hält er sich eine Frau, die den Haushalt für ein Almosen bewältigt.
Wie Claire und Frank Wesley notieren, hat der ungarische Soziologe Alexander Szalai die Arbeitszeit, die in den durchschnittlichen Haushalten in zwölf Ländern zusammenkommt, errechnet. Der ledige Mann verbraucht für den Haushalt pro Tag 25 Minuten. Der verheiratete Mann 35 Minuten. Die ledige (arbeitende) Frau braucht 2,5 Stunden, die verheiratete (arbeitende) Frau vier Stunden, die Hausfrau sieben Stunden.
Diese Mehrarbeit, die die Frau verrichten muß, weil der Mann dergleichen ja für typisch weiblich hält, müßte genau genommen in einem Ausmaß honoriert werden, das sich viele Männer gar nicht leisten könnten.
Genau genommen hat's die »Deutsche Gesellschaft für Ernährung e.V.«; sie hat ermittelt, daß die Hausfrauen in der BRD etwa 45 bis 50 Milliarden Arbeitsstunden pro Jahr abdienen; die Summe der Arbeitsstunden der Erwerbswirtschaft beträgt 52 Milliarden.
Dem entsprechend und analog den Löhnen und Gehältern vom Jahr 1973 müßte, hat Renate Stefan erhoben, jede Ehefrau monatlich 1800 D-Mark bekommen.
Der Betrag schlüsselt sich so auf: Für ihre Dienste als Köchin hätte die Hausfrau 250 Mark zu kriegen, für ihre Dienste als Putzfrau 360 Mark, als Kindergärtnerin 300, als Lehrerin 300, als Kauffrau 160, als Wäscherin 140, als Näherin 60, als Handwerkerin 50, als Gärt-

nerin 60, als Krankenschwester 60, als Serviererin 120 und als Dekorateurin 40.
Wenn Sie zu diesen Ausgaben die Kosten fürs Material, Bekleidung, Auto, Miete, Strom etc. dazurechnen, werden Sie verstehen, warum sich eigentlich nur wenige Männer eine Hausfrau leisten könnten.
Doch de facto kriegt die Hausfrau ja nicht nur nicht einmal einen Teil jenes imaginären Honorars, sondern sie vollbringt auch darüberhinaus noch Gratisleistungen. Ich will dabei gar nicht ihre — sowieso unbezahlbare — Rolle als Geliebte ins Kalkül ziehen, ich möchte nur daran erinnern, daß nur die Hausfrau sieben Tage in der Woche arbeitet, keinen Feiertag und keinen 13. oder 14. Monatsgehalt hat, daß für sie keine Arbeitszeitregelung gilt und daß sie weder Urlaubs-, noch Abfertigungs- oder Pensionsansprüche besitzt.
Die besonders großzügige Sorte Männer mag an dieser Stelle einwerfen, daß man ja doch versuche, der Hausfrau die Arbeit zu erleichtern, indem man sie mit jedwedem technischem Klimbim überschütte, der ihre Arbeitszeit doch verkürze.
Aber dieser Einwand, sagen Claire und Frank Wesley, verfängt nicht: Sie haben eine Studie ausgegraben, wonach die amerikanische Hausfrau 1926 53 Stunden pro Woche arbeitete — und 1966, vierzig Jahre und hundert Erfindungen später, immer noch 53 Stunden. (Ich kann Ihre Skepsis diesen Zahlen gegenüber verstehen — aber ich habe sie zu respektieren gelernt, als ich zwei Stunden herumtelefonieren mußte, weil der Kühlschrank ausgefallen war.)
Doch das Dasein der Hausfrau birgt noch mehr Entbehrungen: Sie wird nicht nur um Bezahlung und Freizeit geprellt, sondern oft genug auch um das letzte bißchen an Autonomie.
»Mammon-Spiele haben schon viele Ehen zerstört«, schreibt Kaye und meint damit: Die (Haus-)Frau kann über das Geld (oft genannt: »ihr« Geld) nicht ganz und voll und jederzeit verfügen. Weil es in der Regel nicht ihr Geld ist.
Sie bekommt, was der Mann ihr an Haushaltsgeld zugesteht und sie bekommt auch das nicht immer auf einmal. Sie bekommt es in der Mehrzahl der Fälle auf Raten — ebenso häppchenartig, wie ein Hund gefüttert wird.
Weil es manchen Männern Spaß macht, von ihren Frauen um Geld gebeten zu werden und weil manche Männer sich dran weiden, ihre Frau auf diese Weise ins zweite Glied verweisen zu können, müssen Frauen in vielen Fällen in die Rolle ebenso schmeichlerischer wie spitzfindiger Haustiere schlüpfen.
Sie müssen an die Autorität des Mannes glauben oder wenigstens so

tun, als glaubten sie daran: Das Prinzip der willkürlichen Unterdrückung schafft, wie Wilhelm Reich erkannt hat, »subalterne Charaktere.«

Juliet Mitchell zitiert Reich: »Wenn ein festgebundener Hund nicht davonläuft, wird ihn niemand allein deshalb für einen treuen Gefährten halten. Kein Vernünftiger wird von Liebe sprechen, wenn ein Mann eine an Armen und Beinen gefesselte wehrlose Frau beschläft.« Deshalb hält Reich auch den ehelichen Liebesakt keineswegs nur für einen Akt der Zuneigung, sondern auch für einen Akt der Vernunft – für einen Akt der Wirtschaftlichkeit, der mitunter in einer »liebevollen Vergewaltigung« endet.

Nun will ich Sie zwar nicht davon abbringen, im gegenständlichen Entgegenkommen Ihrer Frau blanke Verzückung zu sehen, aber ich möchte doch zur Diskussion stellen, ob der Mann nicht gerade dieser seiner unvergleichlichen Vorherrschaft wegen Gefahr läuft, seiner Gunst und nicht seiner Persönlichkeit wegen geliebt zu werden.

Mir scheint, daß eben dieses »vorkapitalistische Verhältnis in der Ehe« (»Neues Forum«), das die Frau zu allem verpflichtet und den Mann zu allem berechtigt, die latente Gefahr in sich birgt,

– daß Sicherheit für Sympathie genommen wird,
– Bequemlichkeit für Geborgenheit, und
– Dankbarkeit für Liebe.

Wenn wir Männer uns nicht wirtschaftliche Selbständigkeit für Frauen einfallen lassen, wenn wir nicht danach trachten, aus Sklavinnen Partnerinnen zu machen, dann werden wir irgendwann – und sei's infolge eines Traumas – zugrundegehen.

Wir werden verhindert haben, daß in dieser Gesellschaft noch Frauen leben, von denen wir sicher sein können, daß sie uns unseretwegen lieben. Und nicht ihretwegen.

Das Mannsbild

Die Sprache hat das Wort: »Der« Mensch ist männlichen Geschlechts, das Adjektiv des männlichen Geschlechts heißt männlich, das des weiblichen Geschlechts heißt weiblich, und wenn mindere Eigenschaften irgendeines Menschen irgendeines Geschlechts artikuliert werden sollen, dann heißt's »weibisch«.
Männisch gibt's nicht. Es gibt viehisch zu Vieh, es gibt äffisch zu Affe, es gibt hündisch zu Hund. Aber es gibt nicht menschisch (das Wort menschlich ist ja längst in den Himmel der Auszeichnungen aufgefahren). Es gibt nicht einmal das phonetisch naheliegende männisch.
Aber es gibt weibisch. Daß auch dies ein Schutzmechanismus für die männlichen Urängste vor Gesichts- und Rang-Verlust ist, wird klar, wenn Sie sich ein paar der bestgepflegten Schimpfwörter anschauen: Das »blinde Huhn« (nicht Hahn), der »Son-of-a-Bitch«, ja selbst der schlichte »Hurensohn« zementiert weibliche Schmach und weibliche Schwäche. Es scheint mir, als müsse das so sein; denn eine abschätzige Einstufung dieser Art ertrüge das Mannsbild gar nicht.
Verquetscht aus dem maskulinen Hohlspiegel herausgrinsend, züchtet es seine drei Lieblings-Neurosen: Die Arbeitsneurose macht ihm angst, als nutzloses Möbel der Gesellschaft von dieser ausrangiert zu werden; die Liebesneurose macht ihm angst, von seinesgleichen nicht gelitten zu werden; und die Machtneurose macht ihm angst, irgendwann einmal nicht genug Tauschobjekte in der Hand zu haben, um sich Brauchbarkeit und Liebe notfalls einhandeln zu können. Doch wird das Mannsbild keinesfalls als ein aus drei Krankheiten zusammengesetztes Ideal empfunden, sondern als Imago der fast unbegrenzten Möglichkeiten: Gottes Ebenbild minus Tote erwecken. Als empfängliches Objekt der Großen Manipulation hat der Mann gelernt, aus negativen Beweggründen noch Positives auszufiltern. Er

hat aus der Arbeitsangst den gesunden Konkurrenzgeist gemacht, aus der Liebesangst die unvergängliche Freundestreue und aus der Machtangst das natürliche Erfolgsstreben: *wreck ist beautiful.*

Und nichts ist schöner als maskulin zu sein und maskulin zu handeln. Doch daß dies vor allem schön zu sein hat, hat viele Männer in den letzten Jahren zunehmend effeminiert.

»Fast 50 Prozent der Patienten von kosmetischen Chirurgen sind Männer«, schreibt Franz Böckelmann in dem Aufsatz »Aspekte der Männlichkeit« [10]. Die Männer haben nicht nur die Reifchen und Kettchen, sondern auch das *face-lifting* entdeckt. Der Zuwachs der amerikanischen Kosmetik-Industrie betrug zuletzt zwischen 50 und 80 Prozent (Böckelmann).

Das Maskuline hat auch irritiert: eine Menge Umfragen hat ergeben, daß gut ein Drittel aller Männer es leid ist, beim Sex den aktiven Part zu übernehmen.

Dennoch, Mann bleibt Mann, sein Symbol bleibt der Phallus, und Sieg oder Niederlage sind untrennbar mit dessen Erfolgen und Mißerfolgen verknüpft. Denn das Mannsbild stellt was dar: Entweder ein stolzes Mannstrum (nicht zu verwechseln mit Monstrum) oder einen souveränen *maitre;* entweder Bomba, Tarzans Sohn, oder Bel ami, Tarzans Salonlöwen.

Im Zweifelsfall muß er nicht schön sein, doch charmant, muß er nicht klug sein, doch sehr galant, in jedem Fall aber muß er Glück bei den Frauen haben.

Vielleicht nicht vordergründig, vielleicht nicht einmal bewußt ist der Frauenheld der Inbegriff des Männlichen; vielleicht zerreißen sich andere Männer am Stammtisch den Mund über einen Casanova oder einen Don Juan; sicher aber gibt es keinen Mann, der den Frauenhelden nicht dann und wann beneidet.

Denn ebenso wie die (einst unterschiedlichen) Begriffe Casanova und Don Juan miteinander vermixt wurden und heutzutage für einen Begriff genommen werden, wurden die dazu gehörigen historischen und psychologischen Fakten vernachlässigt.

Längst gilt, daß Frauen, die ihre Männer wie die Büstenhalter wechseln, nymphoman sind (oder: männernärrisch); doch Männer, die ihre Frauen wie die Hemden wechseln, werden nicht frauennärrisch genannt oder des Don-Juanismus geziehen, sondern sind »gestandene Mannsbilder«.

Die stehende Wendung wird durch die Aura erhärtet, mit der sich besagte Casanovas gern umgeben: Ihre oft exotischen Accessoires (vom Sportwagen bis zum Sonderstatus-Beruf: Pilot, Privatdetektiv,

Journalist, Werbetexter, Fotograf, Rennfahrer, Art Director, Maler, Schriftsteller, Schauspieler, Sänger, Filmer, Fernsehmann, etc.) werden vom dankbaren Publikum der Durchschnittsmänner gierig als Synonyma für Erfolg in jeder Hinsicht abgenommen.
Ein Casanova ist nicht unbedingt nur einer, der wöchentlich ein anderes Mädchen hat, sondern einer, der dafür bestimmt ist, daß ihm alle Frauenherzen zufliegen — weil ihm (denken Männer) ja schon die Männerherzen zufliegen.
Ein Don Juan ist nicht notwendigerweise einer, der jeder Frau den Hof macht, sondern einer, von dem sich (denken Männer) jede Frau den Hof machen ließe. Ein Frauenheld hat mehr vom Leben.

Viel davon hatte zweifellos Giovanni Jac. de Seingalt Casanova, der am 2. April 1725 in Venedig geboren wurde und am 4. Juni 1798 im böhmischen Schloß Dux verblich. Er studierte zunächst Jura, trat dann aber in den geistlichen Stand ein und wurde vom Patriarchen Venedigs geweiht; doch als er in seiner zweiten Predigt steckenblieb, war ihm die Kanzel für immer verleidet und er begann, sich weltlichen Freuden hinzugeben. Nach facettenreichem Leben — einmal wurde er von der venezianischen Staatsinquisition in die Bleikammern geworfen, Jahre später wurde er selbst Polizeiagent der Inquisition — starb er als Dichter, Philosoph und kurzweiligster Memoirenschreiber seiner Zeit.
Schon weniger vom Leben hatte Don Juan — nicht zuletzt deshalb, weil es ihn nie gegeben hat. Die Figur der spanischen Heldensage bezieht sich vage auf einen Juan Tenorio, der angeblich zur Zeit Peters des Grausamen (1350—1369) zusammen mit diesem wüste Taten begangen haben soll. Nach allerlei Scheußlichem schließlich, sagt die Sage, soll Don Juan die aus Sevilla stammende Jungfrau Giralda geschändet und ihren aufgebrachten Vater erschlagen haben. Spöttisch, so sagt man, habe er darauf jene steinerne Statue, die zu Ehren des Erschlagenen errichtet worden war, zum Nachtmahl geladen — worauf diese auch wirklich gekommen und mit ihm gen Hölle gefahren sei. (Später soll's dann ein anderer Wüstling namens Don Juan de Marana gewesen sein.)
Noch weniger von ihrem umsungenen Dasein haben allerdings die zeitgenössischen Nachfahren jener Frauenhelden — weshalb sie, männlich gesehen, mehr zu bemitleiden als zu beneiden wären.
Denn der Supermann, für den ein Don Juan gehalten wird, ist ein »sexuell unsicherer Mann« (Kaye), ist einer, der auf der Flucht nach vorn ist: auf der Flucht vor sexuellem Versagen (Kaye: einer von

drei Männern ist zeitweise impotent) und auf der Flucht vor menschlichem Versagen. Das Gerücht, ein Held zu sein, birgt auch die Pflicht, ständig einer sein zu müssen.
Doch Adel verzichtet: Weil kein Mensch, nicht einmal ein Mann, ständig Held sein kann, ist der Supermann eben nur dann Held, wenn er da ist — und deshalb ist er eben nicht ständig da.
»Der Held«, meint Kaye, »ist meist ein Wanderer.« Ob im Film, ob in der Literatur, die Helden kommen vom Sonnenaufgang und reiten zum Sonnenuntergang.
Sie tun, glaube ich, gut daran: Helden müssen temporäre, bestenfalls wiederkehrende Erscheinungen sein, sonst würde ihre Heldentum zwangsläufig abbröckeln. Denn wenn die Umgebung erst einmal merkt, daß der Held gewisse triviale Taten nicht anders ausführt als sie und daß manche seiner hymnischen Merkmale nicht anders sind als ihre (vulgär: daß er keinen längeren hat als sie), dann wächst das Mißtrauen reziprok zur schmelzenden Ehrfurcht. Dann wird das ganze Heldentum in Frage gestellt.
Helden müssen auch einsame Erscheinungen sein: Denn erstens verursachen Helden im Dutzend Inflation, zweitens ist kein Held auf Konkurrenz neugierig, drittens darf keiner dabei sein, der sieht, wie man eine Heldentat begeht, sonst könnte ja jeder sie nachmachen, und viertens verhält es sich mit den Heldentaten so wie mit den Geistern: Sie materialisieren sich grundsätzlich nur dann, wenn kein andrer dabei ist.
Und schließlich müssen Helden arrogant bescheiden und beredt verschwiegen sein: Denn nur beides zusammen nährt den Tratsch. Ein Don Juan, der ständig von der Lust erzählt, gerät leicht in Verdacht, eine heimliche Last loswerden zu wollen. Und wenn erst einmal gemunkelt wird, daß das reichlich genossene Maskuliniakum nichts anderes sei als tägliche Medizin, ist es mit dem Nimbus vorbei.
Dann würde sogar allgemeinkundig, was der Schriftsteller Renos Mandis in einem Aufsatz über dieses Thema schrieb: »Don Juan ist ständig in Bewegung. Er kann kein Ende finden. Seine Männlichkeit erfährt er als einen ›Mangel‹. Sie ist etwas, was man haben muß, was dann eben bedeutet, daß man es nicht hat. Und haben kann man es nur, indem man es tut.« (Zitiert nach Phyllis Chesler.)
Doch die Helden machen aus der Not eine ewige Jugend: Sie geben mit bekümmerter Miene zu, daß sie halt nicht reif genug sind für anhaltende Bindungen, sie beknirschen sich, daß es ihr Schicksal sei, nicht so normal und so bürgerlich sein zu können wie andere, sie seufzen tief, daß ihr Hang zur »Perfektion« sie davon abhalte, sich

mit einer x-beliebigen, gewöhnlichen Frau zu liieren, was vermutlich auf ein ständiges, jungenhaftes Streben schließen lasse ... aber sie lassen keinen Zweifel daran, daß sie mit dem Echo ihres Wirkens zufrieden sind.

Sie legen Wert auf die Feststellung, daß ihre Art zu leben eventuell nicht menschlich sei, ganz sicher aber männlich.

Literatur stützt ihren Glauben: Ernest Hemingway hat Männertum, Männergesellschaft, Männlichkeit verherrlicht, Norman Mailer hat all das breitgetreten und Henry Miller hat sich kein Feigenblatt vor den Mund genommen.

Der Held beherrscht die Welt und die Mentalität der Männer: Nichts können sie so gut wie seine Erlebnisse rekapitulieren, nichts ist ihnen so geläufig wie seine Bedürfnisse, Ansichten und Absichten. Männer pflanzen sich auch durch's Reden fort.

Der Held ist der Mann, von dem Hazel E. Hazel schreibt, er »braucht eine gefügige Sklavin, einen Psychiater und/oder eine Nebenfrau«. Die Frau überhaupt sei für ihn nichts »als eine Spielwiese«.

Die Haltung des Helden Frauen gegenüber ist pathologisch: nicht genug damit, daß er sich von Zeit zu Zeit bestätigen muß, nicht genug damit, daß nur diese Selbstbestätigung seine Selbstbefriedigung gewährleistet, nicht genug damit, daß nur partnerschaftliche Labilität ihm einigermaßen persönliche Stabilität garantiert — nicht genug mit alldem, muß er auch noch den einmal eingeschlagenen Kurs beibehalten.

Denn niemand sinkt in der Achtung der anderen so rasch wie der, der sichtlich zu hoch gegriffen hat: Wer andere das Flüstern lehrt, kann im Fall des Versagens ihres schallenden Gelächters gewiß sein.

Deshalb sind Frauen für den Helden niemals Endpunkte, sondern Raststätten — Stationen auf seinem Weg zu sich.

Und weil sie für ihn seiner Psyche wegen nichts anderes sein können, sind sie das, dank der Überlieferung, auch für den Mann: »Ein Mann glaubt«, schreibt Julius Fast, »daß eine Frau erst dadurch zur Frau wird, daß ein Mann intime Beziehungen zu ihr hat, daß ein Mann sie verehrt. Frausein ist keine eigenständige Daseinsform, das spezifisch weibliche ist nicht das, was der Frau von Natur aus gegeben ist, sondern etwas, was überhaupt erst in der Beziehung zu Männern entsteht.«

Dadurch, daß der Mann das Mannsbild heroisiert und vergöttert (nicht von ungefähr war der Göttervater Zeus hinter jeder schönen Frau her), hat er das zwanghafte Verhältnis des Helden zu den Frauen übernommen und sein eigenes unheilvoll verzerrt.

Weiblichkeit schrumpft dabei zum Loch, Männlichkeit wächst ins Unfaßbare: Einer meiner Testmänner wurde das Gefühl nicht los, daß er »im Zweifelsfall durch nichts zu ersetzen« sei, ein anderer gestand, das wichtigste sei ihm, »den Penis zu besitzen«.

Und Phyllis Chesler machte die Erfahrung, wenn man Männer frage, wie es denn so sei, einen Penis zu besitzen, »dann kommt von zehn Männern nach fünf Minuten der Hinweis, daß Frauen Vibratoren benutzen.«

Ein ungestörteres Verhältnis zum eigenen Geschlecht(sorgan) kann man sich kaum noch vorstellen. Angesichts der Fassungslosigkeit der Männer über ihr Genital, angesichts des Prunks, mit welchem sie Meilensteine ihrer Männlichkeit auszustatten pflegen, liegt der Verdacht nahe: »Männlichkeit ist Show« (Franz Böckelmann).

Doch wenn sie eine ist, dann ist sie eine besondere Art: Normalerweise wird eine Show präsentiert, um Gewinn zu erzielen — diese wird präsentiert, um Verlust zu vermeiden. Denn sie wird präsentiert, um Ängste zu bekämpfen, um etwas vermeintlich, doch nicht definierbar Böses abzuhalten — sie wird präsentiert, um etwas zu zeigen, was es nur auf der Bühne gibt: Furchtlosigkeit.

Auch Militarismus ist Show. Auch seine Paraden sollen den Glauben der eigenen Truppen an die eigene Überlegenheit stärken und etwaigen Kundschaftern des Gegners Respekt einflößen.

Folgerichtig ist das Mannsbild militant: Weil es nichts echtes, sondern etwas Künstliches ist, weil es nichts Natürliches, sondern was Krankhaftes spiegelt, muß es stets in Harnisch und mit geschlossenem Visier erscheinen.

Je furchterregender es aussieht, desto freudiger wird es vom Mann begrüßt. Denn das Mannsbild weckt das Kind im Manne: Wenn der große Bruder kommt, werden die Mädchen rot und die Burschen blaß.

Das wache Geschlecht

Sollten Sie meiner Einladung, sich zu emanzipieren, mittlerweile gefolgt sein, dann machen Sie sich auf was gefaßt. Es ist zwar unwahrscheinlich, daß Sie als Ketzer verbrannt werden, aber auszuschließen ist auch das nicht, denn die männliche Brüderschaft ahnt, worum es geht.

Es geht um einen gesellschaftlichen Umbruch, wie ihn noch keine Generation der Neuzeit erlebt hat. Um eine Evolution, die sich bestenfalls mit dem zeitlichen Zusammentreffen der Entdeckung Amerikas, der Erfindung des Penicillins und der Industrialisierung vergleichen ließe: Die Emanzipation des Mannes von den alten Lügen und Legenden wird die Einsicht in die Gleichwertigkeit der Frau bewirken und damit die Gleichberechtigung der Frau nach sich ziehen.

Die Selbstbefreiung des Mannes von seinen Ängsten wird das politische, soziale und wirtschaftliche Gefüge ins Schleudern bringen und danach völlig neu ordnen.

Nichts spricht dafür, daß die mit wenig körperlicher Anstrengung verbundenen sogenannten geistigen Berufe weiterhin Domäne des Mannes bleiben werden; nichts spricht dagegen, daß Akkordarbeit und Haushaltsführung künftig als ausgesprochen männliche Beschäftigungen betrachtet werden.

Weder der Bewußtseinsstand der Frauen – schon vor vier Jahren schrieb »Der Spiegel«, 53 Prozent der westdeutschen Frauen meinten, die Gleichberechtigung stünde »noch auf dem Papier« – noch bisherige Erfahrungen lassen annehmen, Frauen könnten nicht ihre Frau stellen.

In der ältesten Zeit, als es noch keine hemmenden Einrichtungen und keine Arbeitsteilung gab, waren die Frauen bei allem Neuen dabei, meistens als Erfinder. Und auch in späteren Jahrhunderten – mit Beispielen will ich Sie nicht langweilen – stellten bedeutende Frauen

ihre Fähigkeiten unter Beweis. Es müßte für Historiker eine reizvolle Aufgabe sein, zu untersuchen, wer erfolgreicher regierte: Herrscher oder Herrscherinnen.
Was uns hier noch bleibt, ist die Gelegenheit, ein wenig darüber nachzudenken, was geschehen wird, wenn die Emanzipation vollzogen sein wird.
Ich will Sie aus diesem Buch nämlich nicht mit dem verlockenden Schmunzeln entlassen, daß ein neues Gesellschaftssystem, eine tatsächliche Partnerschaft uns allen Honig, Sonnenschein und tausend Rosen bringen werden. Das werden sie mit Sicherheit nicht.
Es wird für uns Männer eine mühseligere Welt werden: Demokratie ist komplizierter als Diktatur.
Es wird eine unangenehm wahrhaftigere, eine manchmal peinlich menschlichere Welt werden, eine Welt, die infolge geistiger und moralischer Leistungen funktionieren wird – im Gegensatz zu dieser, die vorgibt, dies zu tun.
Die inoffiziellen Sklavinnen werden vom Winde verweht sein, aber auch Scarlett O'Hara wird sich schwertun: mit Jähzorn und Koketterie wird für Frauen nichts zu holen sein.
Die Frauen werden erzogen und informiert werden wie wir, und das heißt, sie werden weder auf Kavaliere noch auf die Heirat spekulieren, sie werden sich nach Berufen und nach Befriedigung umsehen, sie werden alles in die Hand nehmen, was jetzt noch für sie pfui ist.
Sie werden erfahren, daß die Fertigkeit, mehr Steine auf einmal heben zu können, nichts aussagt über die Fähigkeit, das Problem der mittelfristigen Finanzierung bewältigen zu können.
Sie werden draufkommen, daß weiter-pinkeln-können nicht besagt, weiter-denken-können.
Eine solche *sentimental journey* verführt natürlich zu Reflexionen romantischer Traurigkeit – und bei den Gescheiteren unter den Männerrechtlern haben solche Vorwehen ja auch schon eingesetzt.
Sie fragen schon suggestiv: Wird in einer neuen Gesellschaft der »reizvolle Gegensatz« zwischen Frau und Mann nicht mehr existieren? Wird die »Spannung« zwischen den Geschlechtern abgebaut sein, wenn die Frauen erst sind wir wir? Wird uns das »Anders-Sein« nicht fehlen? Wird uns die »typisch weibliche Automatik in bestimmten Situationen« abgehen?
Ich glaube, daß einiges abgehen wird, glaube aber nicht, daß es uns abgehen wird.
Wir dürfen uns bloß keinen Illusionen hingeben: So, wie's die Welt der römischen Imperatoren, der mittelalterlichen Inquisitoren und der

texanischen Rancher nicht mehr gibt, wird es auch die Welt des Herrischen und des Weibischen nicht mehr geben.
Doch ehe uns eingedenk solcher Tragik die Rührung überwältigt, wollen wir doch noch einmal etwas untersuchen. Wir wollen untersuchen, woraus der »reizvolle Gegensatz« und der ganze andere Ballast wirklich besteht.
Er besteht darin, daß derzeit möglich ist, ein ganzes Geschlecht zu verleumden, ohne daß das andere vor Scham vergeht; er besteht darin, daß ein architektonischer Unterschied im Bau von Mann und Frau zum »Gegensatz« erhoben wird. Und zwar nicht nur zum körperlichen Gegensatz, sondern gleich zum geistigen.
Das »typisch Weibliche« teilt sich nämlich angeblich zweifach mit: nicht nur die langen Beine kennzeichnen die Frau, sondern auch ihr kurzer Verstand.
Dieses männliche Selbstverständnis wurde — ausgerechnet im »Jahr der Frau« — in einer Schlagzeile der westdeutschen Tageszeitung »tz« dokumentiert: »Frauen sind doch dümmer als Männer« (1. 8. 75).
In der dazupassenden Meldung hieß es, ein Hamburger Erbforscher habe dies festgestellt. Seiner Erkenntnis nach beruhe die größere Dummheit der Frau darauf, daß der Frau das Geschlechtschromosom Y fehle, welches nur der Mann besitze.
Abgesehen davon, daß auch schon vor 1975 bekannt war, daß nur der Mann das Chromosom Y besitzt, ist — meinen Informationen zufolge — bis heute sonst nirgendwo bekannt, was dieses Chromosom mit der Intelligenz zu tun haben sollte.
Das Y-Chromosom hat nämlich überhaupt nur eine Funktion: Es scheidet Männchen von Weibchen. Es bewirkt den biologischen Unterschied.
In jeder menschlichen Körperzelle befinden sich 46 Chromosomen, 44 davon sind bei Frau und Mann gleich. Was bleibt, ist ein Paar Sexual-Chromosomen. Die Frau hat zwei X-Chromosomen, der Mann hat ein X- und ein Y-Chromosom. Das Y-Chromosom bewirkt, daß aus den Keimdrüsen des männlichen Embryos Hoden statt Eierstöcke werden. Die Hoden produzieren Androgene, deren eines, Testosteron, veranlaßt, daß statt einer Klitoris ein Penis entsteht. *And that's it.*
Wäre ich nur im mindesten boshaft veranlagt, würde ich angesichts der Tatsache, daß es mit nur einem Y-Chromosomen kein Überleben gibt, behaupten, daß dieses Chromosom eine Degenerationsform des X-Chromosoms ist.

Unsicher, wie wir Männer nun einmal geworden sind, reagieren wir auf die zunehmende Wahrscheinlichkeit, Frauen als Menschen akzeptieren zu müssen, mit gezielten Hinweisen auf die eigene Hilflosigkeit (was ja schon mit diesem Buch beginnt).

Wir würden ja, heißt ein beliebtes Spiel unter gutwilligen Männern, den Frauen gern helfen – aber ein bißchen müssen sie uns auch helfen.

Einer meiner »Testmänner« formulierte: »Die Frauen müssen den Männern mehr als bisher helfen, sie ernst zu nehmen. Kichernde Weiber können mich nicht dazu bringen, auf die Barrikaden zu steigen.«

Das klingt so gut, wie es (im speziellen Fall) gemeint ist, birgt aber eine fatale Forderung: die Gefährdeten mögen sich unter Außerachtlassung des Selbsterhaltungstriebes noch mehr in Gefahr begeben. Sie mögen jene Artigkeiten, die sie dem Herrschenden gerade noch tragbar (= liebenswert) erscheinen ließen, aufgeben. Sie mögen doch vom Küßchen- auf den Kollisions-Kurs schwenken.

Merke: Der Seefalke greift erst ein, wenn der Hauptmast brennt.

Freilich stimmt ein bißchen was von dem, was dieser ärgerliche Mann gesagt hat: Jene sich anbiedernden, grinsenden, eifervoll flirtenden Weiber, die auf Emanzen ärger schimpfen als Männer und sich »also wirklich nicht im geringsten diskriminiert« fühlen, die mit Vorliebe in Frauengettos wie Häkelmode und Tortenrezepte kriechen, deren Expertisen nur Waschmittel und Haarwuchshemmer zum Gegenstand haben, haben durchaus das Zeug dazu, Männer zu vergraulen.

Sie machen es Männern leicht, vor angeblichen Beweisen dafür zu triefen, daß Frauen halt doch nur zweite Wahl seien.

Solchen Frauen, so scheint es, kann nicht nur nicht geholfen werden, solchen soll gar nicht geholfen werden.

Dennoch halte ich das Verlangen der Männer für unbillig: Denn eben diese Frauen sind ja nichts andres als unsere best dressierten. Sind nichts andres als unsere Ausstellungsstücke.

Wir Männer haben ihnen beigebracht, daß sie Zeter und Zores vermeiden können, wenn sie nur so sind, wie wir uns das wünschen.

Ihre Existenzberechtigung leiten sie vom Grad unseres Wohlgefallens ab. Je kuscheliger sie sich anfühlen und je mehr sie kuschen, desto angenehmer und willkommener sind sie uns.

Diese Frauen müssen sich, so wie wir uns, erst emanzipieren, sie müssen den Schock, daß sie auf einmal sagen dürfen: »Ach, Herr Müller, könnten Sie heute etwas länger im Büro bleiben? Ich hätte Ihnen noch etwas zu diktieren!«, erst überwinden.

Deshalb glaube ich, daß es nicht damit abgetan sein kann, den Frauen mehr Selbstvertrauen anzuraten (»Laß doch beim nächsten Salto einmal das Netz weg, Schätzchen!«), sondern es wäre männlich, die Frauen durch eigenes Entgegenkommen zu ermutigen.

Wir müssen den Frauen Avancen machen. Wir müssen ihnen durch unser Verhalten und sonst durch gar nichts jenes Vertrauen und Selbstvertrauen einimpfen, das sie brauchen werden, um Millionen männlicher Schofel Frau zu werden.

Frauen brauchen Verbündete. Sie brauchen sie in dieser Phase herdenweise, weil Sklaven seit je Verbündete brauchen.

Sie brauchen Sympathisanten.

Zum Sympathisanten eignet sich jedermann: So, wie es keinen besseren Wächter gibt als einen ehemaligen Dieb, ist keiner besserer Helfer als der, der lang genug Chauvinist war – er kennt die Tricks, er kennt die Fallen, denn er hat ja von dieser Kenntnis gelebt. Die Frauen, das wache Geschlecht, wissen das auch.

Es ist ein männliches Gerücht, das besagt: Frauen wollen uns gar nicht, Frauen möchten uns eigentlich alle kastrieren und/oder killen. Dieser Aufschrei erfüllt die Luft, aber er ist in Wahrheit der *last call* der *Nirwana airlines:* Denn von hier ab geht's nach Nirgendwo. Es ist der letzte Versuch, aus männlicher Angst noch einmal männliches Kapital zu schlagen.

Die Frauen haben das längst erkannt: Sogar die kriegerische »Emma« nimmt – vorsichtig, aber doch – auch Notiz von Männern, die sich für frauliches Recht einsetzen.

Sogar Feministinnen beißen nicht. Von schrulligen Ausnahmen einer Valerie Solanas abgesehen (die »Scum« gründete, die Gesellschaft zur Vernichtung der Männer), möchten Frauen Männer nicht vernichten, sondern ändern. Möchten sie uns nicht umbringen, sondern umdrehen, nicht uns ausrotten, sondern sich bei uns einrotten. So unglaublich es auch klingen mag: Frauen wollen der Gesellschaft paritätisch angehören.

Sie wollen auch nicht, wie Männer fürchten oder flunkern, die Ehe abschaffen, die Familie verbieten, das Kinderkriegen einstellen: Frau Hazel E. Hazel spottet, daß bei der »progressiven Intelligenz«, aber nicht nur bei Frauen, »gegenüber der Bindung und Ehe der Abbruch jeder Verpflichtung bis zum Wettkampf im Fremdgehen postuliert wird«.

Weniger von dem zu glauben, was der Volksmund plappert, und uns weniger zu fürchten, wenn's darum geht, das sogenannte Männliche zu beurteilen, könnte uns endlich jenen ethischen Anstrich verleihen,

den wir nötig haben, um unsere bisherigen Großtaten übertünchen zu können.
Ich kann's auch männerkonform ausdrücken: Die Firma Mann gewänne ein hohes Prestige, würde sie ihren Handelspartner Frau endlich als solchen behandeln. Dies brächte eine hohe Rendite für Männer und feste Zinsen für die Kinder.
Und selbst, wenn's kein Abschreibposten ist: Eine Gesellschaft, die Tierquälerei unter Strafe stellt, Frauenächtung aber toleriert, wird zur Karikatur ihrer selbst.
Es wäre männlich, allmählich zu merken, daß unsere Vormachtstellung weniger auf historischen als auf hysterischen Ursachen beruht.
Es wäre männlich, allmählich zu merken, daß auch beim Mann der Kopf nicht nur zum Schütteln da ist.

Bibliographie

[1] Arbeitsgruppe Frauenmaul: *Ich hab dir keinen Rosengarten versprochen,* Verlag Frischfleisch & Löwenmaul, Wien

[2] Benet, Mary Kathleen: *Die Sekretärinnen,* Econ Verlag, Düsseldorf

[3] Chesler, Phyllis: *Über Männer,* Rowohlt Verlag, Reinbek

[4] Davis, Elizabeth Gould: *Am Anfang war die Frau,* Verlag Frauenoffensive, München

[5] Firestone, Shulamith: *Frauenbefreiung und sexuelle Revolution,* Fischer Taschenbuch Verlag, Frankfurt/Main

[6] Hengge, Paul: *Die Bibel-Korrektur,* Orac-Pietsch Verlag

[7] Hite, Shere: *Hite-Report,* C. Bertelsmann Verlag, München

[8] Kaye, Harvey E.: *Die Männerfrage,* Albert Müller Verlag, Zürich

[9] Masters, William H., und Johnson, Virginia E.: *Spaß an der Ehe,* Molden Verlag, Wien und München

[10] Matthes, Axel (Hg.): *Maskulin — Feminin,* Verlag Rogner & Bernhard, München

[11] Mitchell, Juliet: *Psychoanalyse und Feminismus,* Suhrkamp Verlag, Frankfurt/Main

[12] Morgan, Elaine: *Der Mythos vom schwachen Geschlecht,* Econ Verlag, Düsseldorf

[13] Stefan, Renate: *Hausfrauen und Mütter, die vergessenen Sklavinnen,* Frauenselbstverlag, Berlin

[14] Taylor, Gordon Rattray: *Kulturgeschichte der Sexualität,* S. Fischer Verlag, Frankfurt/Main

[15] Wesley, Claire und Frank: *Das Rollendiktat,* Goverts Verlag, Frankfurt/Main

Ferner:

»Der Spiegel«, »Emma«, »Neues Forum«, »profil«, »stern«